MW01125403

PRESENTADO A:

\--

DE:

\--

FECHA:

\--

Libro devocionario de Dios

de

Dios

para

Chicos

Unilit

Sepa

Publicado por
Unilit
Miami, FL 33172

© 2007 Editorial Unilit (Spanish translation)
Primera edición 2007
Primera edición abreviada 2012 (*El libro devocionario de Dios para Chicos*)

© 2004 por Bordon Books
Originalmente publicado en inglés con el título:
God's Little Devotional Book For Boys por
Cook Communications Ministries
4050 Lee Vance View,
Colorado Springs, Colorado 80918 U.S.A.
Todos los derechos reservados.

Traducción: *Grupo Nivel Uno, Inc.*

A menos que se indique lo contrario, las citas bíblicas se tomaron de la Santa
Biblia, *Nueva Versión Internacional.* © 1999 por la Sociedad Bíblica Internacional.
El texto bíblico señalado con RV-60 ha sido tomado de la versión Reina Valera
© 1960 Sociedades Bíblicas en América Latina; © renovado 1988 Sociedades
Bíblicas Unidas. Utilizado con permiso.
Reina-Valera 1960® es una marca registrada de la American Bible Society, y
puede ser usada solamente bajo licencia.
Usadas con permiso.

Producto: 497146
ISBN: 0-7899-1890-0
ISBN: 978-0-7899-1890-1

Impreso en Colombia
Printed in Colombia

Categoría: Jóvenes /Niños /Devocional
Category: Youth /Children /Devotional

Introducción

¿Cómo se cría y educa a un hombre de Dios? Comenzando cuando es niño y enseñándole desde entonces. Sus padres y quienes le aman lo llenan con el amor y la bondad de Dios, comenzando desde que tiene tu edad, o menos todavía. Este maravilloso libro devocional está lleno de divertidas historias, poderosos versículos y principios para guiar tu vida, escritos para ayudar a un joven como tú a que se convierta en todo lo que Dios quiere que sea.

Experimentarás la presencia y guía de Dios en las historias que tratan de muchachos de tu edad. Podrás aprender principios de fe, transformadores de vida, sobre la fe, la amistad, la bondad y muchos otros valores cristianos. Descubre cuánto te ama Dios, y que a sus ojos eres grande, y que la fortaleza y la santidad van juntas.

Con el *Libro devocionario de Dios para chicos* podrás tomarte un descanso de las actividades escolares o extracurriculares, para descubrir al Dios que te ama, te conoce y quiere que llegues a ser todo aquello para lo que Él te creó.

El carrito de alegría de Jarrett

La generosidad no está tanto en dar mucho como en dar en el momento justo.

Jarrett Mynear tenía solo dos años cuando su familia se enteró de que tenía cáncer. Para cuando cumplió diez, era experto en la vida como paciente de hospital. Pasó por muchos tratamientos que le hacían sentir muy mal. También debió someterse a varias operaciones, y en una debieron amputarle parte de una pierna.

Jarrett tenía muchas razones para estar triste. Pero no lo estaba. Un día se le ocurrió que no era el único niño en el hospital que estaba tan enfermo. Vio que había muchos otros niños que se sentían tan mal como él. Decidió que alguien tenía que hacer algo para que todos se sintieran mejor. ¡Y que ese alguien era Jarrett!

Se le ocurrió un plan. Llenaría un carrito con animales de peluche y otros juguetes. Los niños elegirían un juguete cada uno. Con ayuda de su madre, Jarrett recaudó donaciones de dinero y juguetes de personas y negocios en su pueblo. Jarrett pasaba todo su tiempo libre preparando «El carrito de alegría de Jarrett», para ayudar a los niños del hospital.

El primer día que llevó el carrito de la alegría al hospital, varias estaciones de radio y televisión de su localidad cubrieron el evento, y llegaron más donaciones gracias a la noticia. Y aun cuando Jarrett se sentía muy mal, empujar el carrito por los pasillos del hospital y ver las caritas sonrientes de los otros niños le hacía sentir mejor.

Hoy el carrito de la alegría de Jarrett regala juguetes a los niños internados en varios hospitales de diversas ciudades. La familia de Jarrett espera que otros también comiencen a hacer esto en todas las ciudades y pueblos de los Estados Unidos.

◆ Recuerda ◆

Permanezcan en mi amor [...] Les he dicho esto para
que tengan mi alegría y así su alegría sea completa.
Juan 15:9-11

¿TE SIENTES MAL? ACÉRCATE A OTROS PARA AYUDARLOS.

¡Tú puedes hacerlo!

¿Conoces a alguien que necesite un poco de alegría o algo de ayuda? Piensa en algo que puedas hacer por esta persona para que su día sea mejor. ¡Las cosas pequeñas sí cuentan!

Un regalo no deseado

Comparé notas con uno de mis amigos que espera todo del universo... y encontré que yo comienzo por el extremo opuesto, no esperando nada, y que siempre estoy lleno de agradecimiento por las cosas más pequeñas.

Cuando Jonah vio el paquete de la tía Florence debajo del árbol de navidad, supo que era el robot que tanto quería. Se había ocupado de mencionárselo la última vez que había estado de visita en su casa.

Con ansias rompió el papel y levantó la tapa de la caja.

Dentro, estaba... no el robot, sino una bata con un pijama haciendo juego.

Jonah no pudo ocultar su desilusión. Tiró la caja a un lado y se levantó para salir de la sala.

—Espera un minuto, Jonah —dijo el papá tomándolo del brazo—. ¿No te gusta tu regalo? La tía Flo recordó que tu bata vieja tiene agujeros.

—Sí, claro. Pero es Navidad —se quejó Jonah—. ¿Quién quiere ropa para Navidad?

—La gente que no tiene techo —dijo el papá en voz baja.

Jonah bajó la cabeza y suspiró.

—Creo que tienes razón —dijo levantando la caja para volver a ver su regalo—. Y sí, me gusta. Tiene dibujos de naves espaciales. Le dije a la tía Flo que quería ser astronauta.

El papá sonrió.

—No creo que puedas vestir pijamas en el espacio, así que mejor será que los disfrutes mientras puedas.

—Y mientras tanto —dijo la mamá con tono severo—, es hora de que llames a la tía Flo y le agradezcas el regalo. ¿Qué piensas, Jonah?

—¡Sí, mamá! —dijo Jonah, levantando el auricular—. ¿Qué número tiene la tía?

Recuerda

Todo el que a sí mismo se enaltece será humillado, y el que se humilla será enaltecido.
Lucas 14:11

MUESTRA GRATITUD.

¡Tú puedes hacerlo!

Pensar en los sentimientos de los demás nos ayudará a ser agradecidos por cada cosa que recibamos.

Música para los oídos de Dios

La alabanza es música para los oídos de Dios.

—En realidad me gusta la música —dijo Shanika sacudiendo la cabeza con los auriculares puestos.

—¡A mí también! —gritó el papá, esperando que pudiera oírle.

—¿Qué dijiste? —preguntó Shanika quitándose los auriculares.

—Que a mí también —repitió el papá.

—Y a mí —dijo Jordie, el hermano de Shanika que acababa de entrar.

—¿Sabes de dónde vino la música? —preguntó el papá.

—No —respondió Shanika.

—Bueno, hay una antigua leyenda judía que dice que después de que Dios creó el mundo llamó a los ángeles y les preguntó qué pensaban de su obra. Uno dijo: "Falta algo [...] no hay sonido de alabanza a ti". Entonces Dios creó la música. Se oía en el susurro del viento y el canto de los pájaros. Adán y Eva aprendieron a cantar imitando al viento en los árboles y los cantos de las aves. Entonces un día se preguntaron si tendrían música propia dentro de sus corazones, ya que cada pájaro tenía un tipo de música diferente. Abrieron la boca y comenzaron a cantar.

—¡Qué bueno! —dijo Jordie.

—Y luego —siguió el papá— la Biblia dice que en el tiempo de Adán y Eva alguien llamado Jubal era "el ancestro de todos los músicos que tocan el arpa y la flauta". Así que se inventaron instrumentos musicales para acompañar las canciones.

Entonces el papá presentó un desafío:

—Como está lloviendo y esta tarde no podrán salir, ¿creen que serán lo suficiente creativos como para inventar un instrumento nuevo con las cosas que hay en casa, y que podrán usarlo con una nueva canción creada por ustedes?

¡A Shanika y Jordie les llevó toda la tarde descubrir que sí podían!

Recuerda

*Canten al S$_{\text{EÑOR}}$ con gratitud; canten salmos a nuestro
Dios al son del arpa.
Salmo 147:7*

A DIOS LE ENCANTA OÍRNOS CANTAR ALABANZAS.

¡Tú puedes hacerlo!

Puedes inventar una nueva canción para cantarle a Dios. ¡Le encantará oírla!

El seguidor más fiel

El hombre en verdad grande es aquel que hace que cada uno de los demás hombres se sienta grande.

Beau sostuvo en la mano la cinta roja y se acercó a donde estaban sus padres después del partido.

—¡Muy bien, Beau! —dijo el papá—. Tu equipo salió segundo en la liga.

La mamá agregó:

—Fue agradable que les dieran cintas a todos, y no solo un trofeo al entrenador.

Beau guardó silencio mientras sus padres hablaban con los demás familiares que habían venido al juego final y la ceremonia de entrega de premios. Mientras avanzaba con sus padres hacia la camioneta, Beau dijo:

—No merezco esto en realidad.

—¡Cómo que no! Eres parte del equipo.

—Sí, pero casi no jugué —dijo Beau—. Y no hice un solo gol en todo el año.

Justo en ese momento Gil se acercó a Beau.

—Choca los cinco. Espero verte en mi equipo el año que viene.

—Seguro —dijo Beau, aunque no entendía por qué le diría algo así. Gil tenía ocho años, y Beau recién tenía seis. Gil hacía más goles que nadie y era el mejor defensor. Casi nunca estaba en el banco.

—Oye, Beau —dijo Gil—, cuando tenía seis años casi nunca me dejaban jugar, pero sabes patear bien y el año que viene jugarás más. ¿Sabes qué fue lo mejor este año?

—¿Qué? —quiso saber Beau.

—Que siempre gritaste bien fuerte por nosotros desde el banco. Fue genial. Y siempre me dabas una botella de agua cuando salía del juego. Eso también fue genial —dijo Gil—. Hacen falta tipos como tú en todos los equipos.

Entonces, antes de que Beau pudiera contestar, Gil corrió hacia su papá.

—Qué amable —dijo la mamá.

—Gil es un excelente jugador —dijo Beau, caminando un poco más erguido y apretando un poco más la cinta entre los dedos.

Recuerda

Por eso, anímense y edifíquense unos a otros, tal como lo vienen haciendo. 1 Tesalonicenses 5:11

ALIENTA A ALGUIEN HOY.

¡Tú puedes hacerlo!

Alentar a alguien es darle ánimo. ¿Sabes de alguien que tenga miedo? Haz lo posible por animar a esa persona.

Parte del equipo

La buena educación consiste en hacer y decir las cosas más amables de la manera más bondadosa.

Karl y sus tres mejores amigos, Matty, Brian y Theo, estaban en el patio durante el recreo. Era un alivio estar al aire libre después de una mañana llena de problemas de aritmética y una prueba de historia. Ahora, lo único que querían era encestar un par de pelotas.

El patio estaba lleno de niños tan contentos de estar fuera del aula como lo estaban estos cuatro. Kart encontró al maestro a cargo del equipamiento de deportes y le pidió una pelota. Avanzó haciéndola rebotar hasta donde estaban sus amigos.

Hunter vino corriendo justo cuando estaban a punto de comenzar el juego.

—Lo siento, Hunter —dijo Karl—, con cinco no podemos jugar.

—Voy a buscar a alguien más y seríamos seis —dijo Hunter, mirando a los que estaban en el patio para encontrar a otro jugador. Al ver a Sammy, le hizo señas con la mano.

Sammy rengueó hasta donde estaba el grupo. El aparato ortopédico le impedía correr muy rápido, pero la sonrisa en su rostro era lo más brillante.

—¡El no sabe jugar! ¡Nos haría perder! —protestó Matty.

La sonrisa de Sammy se iba borrando.

—Sí, es demasiado lento —dijo Brian—. Mejor busca a alguien más.

Kart vio que Sammy se sentía muy mal. De algún modo supo que estaba mal rechazar a Sammy solo porque no pudiera correr ni saltar tan rápido como los demás.

—Vamos, dejen eso ya —dijo Kart—. Déjenlo jugar. Estoy seguro de que encesta perfecto.

La sonrisa de Sammy volvió.

—Sammy será de mi equipo —agregó Kart, y se sorprendió ante lo feliz que le hicieron sentir por dentro esas palabras.

*Éste es mi mandamiento: que se amen los unos a los
otros, como yo los he amado. Juan 15:12*

LAS PERSONAS SON MUCHO MÁS IMPORTANTES QUE LOS JUEGOS O EL PUNTAJE.

*Siempre mira lo que es la persona
por dentro, y no mires sus problemas
físicos. Dios mira el interior, el
corazón, y lo mismo debes mirar tú.*

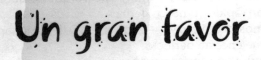

Un gran favor

No hace falta fuerza para guardar rencor. Hace falta fuerza para no guardarlo.

A Mack le encantaba jugar al hockey sobre hielo. A los once años había decidido que algún día sería jugador profesional, y no podía esperar a lograr formar parte de un equipo de la liga. Era bueno y todos lo sabían. De hecho, el entrenador de uno de los equipos de los de doce años dijo que Mack podría unírseles un año antes de tiempo si todos los del equipo votaban a favor.

En la práctica siguiente el entrenador les presentó a Mack a los niños del equipo.

—Niños, Mack no puede entrar de forma automática al equipo porque tiene once años. Pero las reglas de la liga dicen que sí puede entrar si todos votan a favor. Levanten la mano los que estén de acuerdo.

La mayoría sabía que Mack era buen jugador, y todos levantaron las manos... menos un niño. Era un rubio de aspecto rudo, que estaba sentado al final del banco.

—¡Oye! ¡Levanta la mano! —le gritaron algunos.

—No. No lo haré. Casi no hay suficiente tiempo para que todos lleguemos a jugar. No lo necesitamos.

Mack se sintió como si lo hubiera arrollado un camión. Tendría que esperar un año entero para poder jugar con el equipo.

Todavía se sentía triste al día siguiente en la clase de ciencias cuando la maestra le llamó aparte y le dijo:

—Mack. Te asignaré un nuevo compañero en el laboratorio. Sé que podrás ayudarle, o por lo menos eso espero. Eres su última oportunidad. Si no aprueba ciencias, tendrá que repetir este año. Se llama James y está sentado junto a tu lugar en este momento.

Mack se volvió y vio al rubio rudo sentado a su mesa.

—Dios, ayúdame —dijo Mack. Nunca había orado con mayor intención.

Recuerda

Si tu enemigo tiene hambre, dale de comer; si tiene sed dale de beber [...] y el Señor te recompensará.
Proverbios 25:21-22

SÉ AMABLE CON TUS ENEMIGOS.

¡Tú puedes hacerlo!

Intenta hacer las paces con alguien que sientes que te haya lastimado, y quizá hasta podrías hacer algo bueno por esa persona. Pídele a Dios que te ayude.

Plan B

La vida tiene que ver con acostumbrarnos a lo que no estamos acostumbrados.

Anna y Bobby esperaban ansiosos pasar la Navidad con sus abuelos.

—Ojalá le guste a papá el macetero que le hice—dijo Anna. Era el 23 de diciembre y los Chase estaban empacando para ir en auto a la casa de los abuelos, a dos horas de allí.

—Seguro le gustará. Bobby, ¿empacaste los regalos para la abuela? —preguntó el papá.

Bobby había decorado portarretratos para que la abuela pusiera las fotografías de la escuela en ellos.

—Sí, ya puse todo en una pila. ¡Estoy listo!

—Vamos a dormir temprano —dijo la mamá.

Mientras dormían comenzó a nevar. El papá miró por la ventana al despertar por la mañana. ¡Había nieve cubriéndolo todo! Y seguía nevando.

Encendió la radio para oír el pronóstico meteorológico. ¡Seguiría nevando! Llamó al Departamento de Tránsito:

«¿Cómo está la ruta a Springfield?»

La noticia no era buena.

—Niños, tendremos que cancelar el viaje de visita a los abuelos —dijo el papá—. Las carreteras están en malas condiciones por la nieve.

Anna y Bobby estaban muy desilusionados.

—¿Y ahora qué hacemos?

El papá llamó al abuelo para decir que no irían y luego salió para limpiar la nieve de la entrada. Al menos podrían ir a la iglesia para el servicio de Nochebuena.

En la iglesia no había electricidad, pero era Nochebuena y todos querían estar allí. Hacía frío y estaba muy oscuro. Usaron velas y todos se dejaron los abrigos, guantes y bufandas puestos durante el servicio.

—¡Eso sí fue una aventura! —dijo Anna.

Bobby asintió y añadió:

—¡Como en los viejos tiempos, papá!

El papá rió.

—A veces hay que arreglárselas lo mejor que se puede.

Recuerda

Yo he venido para que tengan vida, y la tengan en abundancia. Juan 10:10

BUSCA EL BRILLO DEL SOL ASOMANDO TRAS CADA NUBARRÓN.

¡Tú puedes hacerlo!

Cuando las cosas no salgan como lo deseas, ¡dales la vuelta hasta encontrar algo positivo en cada situación!

Buscando un amigo

Un amigo es quien nos conoce y aun así, nos ama.

Tanner avanzó con pesadez hacia la parada del autobús. Hacía solo tres días que habían comenzado las clases, y ya estaba harto de la escuela. Miró hacia la esquina y vio que se acercaba el autobús. La puerta se cerró tras él cuando subió. Tanner se alegró de encontrar un asiento vacío en la parte de adelante. Quentin, su mejor amigo desde el primer grado, por lo general le guardaba un lugar, pero se había mudado unas semanas antes del comienzo de las clases. Tanner recordó con una sonrisa el día del año pasado en que había subido al autobús con dos sapos. Quentin había mirado la lata, curioso, y del susto la había dejado caer. Las niñas gritaban, subidas a los asientos mientras Tanner y Quentin intentaban capturar los sapos que saltaban por el pasillo.

—Oye, ¿puedo sentarme aquí?

—Sí, no hay problema —dijo Tanner. Perdido en sus recuerdos del día de los sapos, no se había dado cuenta de que el autobús estaba lleno ahora. Ya casi llegarían a la escuela.

—Me llamo Ben —dijo el niño regordete, extendiendo la mano, y dándole un apretón fuerte y franco.

—Soy Tanner. ¿Eres nuevo aquí? —contestó Tanner.

—Sí —respondió Ben.

El autobús se detuvo. Ben se puso de pie y dijo:

—Pensé que me costaría hacer amigos en la nueva escuela, pero cuando me presento, da resultado. Ya conocí a varios. Puedes almorzar con nosotros si quieres.

¡Vaya! Desde que Quentin se mudó he estado orando para que Dios me diera un amigo. Ben parece buen tipo, pensó Tanner.

—Sí. Te veré a la hora del almuerzo —le dijo a Ben cuando bajaron del autobús.

Ben asintió.

Tanner se dirigió hacia la escuela y llamó a los niños que había conocido la primavera anterior en la temporada de béisbol.

—¡Jake! ¡Matt! ¡Hola! —y ellos le devolvieron el saludo.

¡Bien! Yo también puedo ser amigable. «Dios, tú puedes ayudarme a hacer muchos amigos». Oró Tanner.

◆ Recuerda ◆

El hombre que tiene amigos ha de mostrarse amigo.
Proverbios 18:24 (RV60)

¿QUIERES AMIGOS? SÉ AMIGABLE.

◆ **¡Tú puedes hacerlo!**

¿Cuándo fue la última vez que hiciste un amigo nuevo? La gente que hace amigos sonríe, te mira a los ojos y aprende cómo te llamas. Ora y pídele a Dios que te ayude a ser amigo de otros.

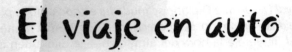

El viaje en auto

**Dales a otros parte de tu corazón, y no la parte
que les toca de tu enojo.**

—¿Cuánto falta?

Marisa, sentada en el asiento trasero, ya había preguntado lo mismo al menos tres veces en la última hora. Con cinco años, no estaba acostumbrada a pasar horas en el auto. Y además estaba ansiosa por llegar al destino: Disney World. Era su primer viaje a ese lugar, y una de sus amigas le había contado todo lo que vería.

—Faltan unas pocas horas más —dijo la mamá de Marisa desde el asiento delantero, mirando a su esposo como si le dijera: "Apúrate por favor".

El hermano mayor de Marisa, Colby, estaba cansado de oír las quejas de Marisa. Primero tenía hambre. Después tenía sed. Y ahora se pasaba el tiempo preguntando cuánto faltaba para llegar.

—¿Por qué no te callas? Ya me fastidiaste —le dijo.

Marisa le pegó con el puño en el brazo. Colby estaba a punto de devolvérsela, cuando oyó en su cabeza una vocecita: *Ama a tu prójimo...*

Y eso ¿de dónde vino? Se preguntó. Luego recordó que unas semanas atrás la maestra de la escuela dominical había hablado de que hay que tratar a los demás como queremos que nos traten a nosotros. En ese momento la lección había sonado muy fácil, pero ponerla en práctica era más difícil de lo que Colby había imaginado.

—Oye, Marisa —le dijo conquistando sus ganas de pelear—, juguemos a algo. Así el tiempo pasará más rápido.

—¿A qué jugamos? —preguntó la niña.

—A esto —dijo Colby, sacando uno de sus juegos favoritos de su bolso y ubicándolo en el asiento del medio—. Tú primero.

Recuerda

De este modo todos sabrán que son mis discípulos,
si se aman los unos a los otros.
Juan 13:35

QUE EL AMOR SEA QUIEN GUÍE TUS ACCIONES.

¡Tú puedes hacerlo!

Todo va mejor —¡hasta un viaje largo en auto!— cuando tratas a los demás con amor.

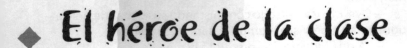

El héroe de la clase

Tuve varias enfermedades en la infancia. Primero, escarlatina. Luego neumonía. Y más tarde, polio. Caminé con aparatos ortopédicos hasta que cumplí nueve años al menos. Mi vida no fue como la de la persona promedio, que va creciendo y decide entrar en el mundo del deporte.

A Justin le diagnosticaron leucemia cuando estaba en segundo grado. Pasó por el tratamiento de quimioterapia durante un año y quedó calvo, con el cuerpo y el rostro hinchados a causa de la fuerte medicación.

La clase de Justin de cuarto grado lo «adoptó», y también a su familia, los Banales. Si necesitaban algo, la clase estaba allí para ayudar. Cuando necesitaron ir a otro estado a un hospital de niños para análisis y tratamiento, las donaciones ayudaron con los gastos. Cuando la mamá necesitaba quedarse con él en el hospital, las madres de la clase ayudaban a cuidar a sus hermanas. Cuando Justin necesitó cuidados en casa, se anotaron voluntarios para cumplir turnos de cuatro horas. Los Banales creían en la oración y a menudo oraban por la sanidad de Justin.

Ahora, dos años después, parecía que Justin había ganado la batalla. La familia había ido al hospital de enfermos de cáncer para que le hicieran análisis. Los Banales tenían razones para esperar buenos resultados.

La señorita Catalano, su maestra de cuarto grado, hizo arreglos para que la señora Banales pudiera llamar a la escuela desde el hospital con la noticia de los resultados. Llevaba consigo el teléfono celular cuando llegó la llamada, en medio de la clase de geografía.

—Justin, es tu mamá. Quiere decirte algo.

Justin estaba un tanto perplejo porque esto era inusual. Se preguntó qué pasaría.

—Hola —respondió

Luego permaneció en silencio, escuchando.

—¿De veras? ¿Es cierto? ¡Vaya! Gracias, mamá, por llamar.

—¿Qué noticias hay, Justin?

—Nada de cáncer en los resultados.

Toda la clase gritó de alegría por Justin. Para ellos, era más que un sobreviviente. Era su héroe.

Recuerda

Si uno de los miembros sufre, los demás comparten su sufrimiento; y si uno de ellos recibe honor, los demás se alegran con él. 1 Corintios 12:26

NOS NECESITAMOS UNOS A OTROS.

¡Tú puedes hacerlo!

Encuentra el modo de ayudar a alguien en necesidad el día de hoy. No puedes hacerlo todo solo. Pero sí puedes reunir un grupo para ayudar a la persona.

Mira debajo de la superficie

Los hombres dan consejos. Dios da guía.

El viaje de media hora dentro de la cabina del barco le dio sueño a Nathan. Pero ahora el motor ya no hacía ruido y el Capitán Jack habló por radio a los capitanes de varios otros botes que estaban en los alrededores. Los otros capitanes dijeron que las ballenas que habían venido a ver se dirigían hacia donde estaban ellos, pero que todavía se hallaban a varios kilómetros de la costa.

Jack encendió el motor otra vez y con cuidado eligió un lugar que no estuviese demasiado cerca de los otros botes. Apagó el motor y dijo:

—¡Bien! Vamos a cubierta para ver a las ballenas.

Nathan subió enseguida, llevando sus binoculares. Pasaron varios minutos. El bote se movía un poco pero no se veían ballenas. De repente apareció el Capitán Jack, que saltó por encima de la barandilla de cubierta como si fuera un acróbata. De un salto, se ubicó junto a Nathan.

—¡Vaya! ¿Cómo logra saltar así? —se sorprendió el niño.

—Por experiencia —dijo Jack—. He estado en el mar durante casi toda mi vida. Ahora, observa Nathan. Allí vienen tres ballenas.

El Capitán Jack señaló algo a la distancia, pero Nathan no veía nada, ni siquiera con sus binoculares. De repente, ¡tres bellísimas orcas saltaron formando arcos con sus cuerpos y volvieron a sumergirse!

Nathan estaba asombrado. Porque una y otra vez, el Capitán Jack señalaba justo el lugar donde saltarían las ballenas. Podía verlas por debajo de la superficie del mar.

—¿Cómo logra eso? —preguntó Nathan.

—Por experiencia —dijo el Capitán Jack—. A veces necesitas que alguien con experiencia te muestre qué es lo que va a suceder.

Al necio le parece bien lo que emprende, pero el sabio atiende al consejo.
Proverbios 12:15

CONFÍA EN QUIENES TIENEN EXPERIENCIA.

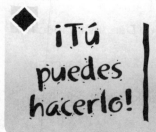

Escuchar los consejos de tus padres, tu pastor y maestros puede ayudarte a evitar problemas. A menudo podrán ver debajo de la superficie de tu vida y aconsejarte para que te evites problemas.

Construyamos un castillo

Hay dos formas de iluminar: ser la vela, o el espejo que refleja su luz.

Keith le llevaba cubo tras cubo con arena a su tío Don, que estaba ayudándole a construir el mejor castillo de arena de toda la playa. Había muchos niños y adultos participando del concurso «Rey de los Castillos». Keith en realidad quería ganar.

El sol brillaba en el cielo, y una brisa fresca soplaba desde el mar. Keith, cuyo papá había muerto el año anterior, se estaba divirtiendo mucho con su tío.

—Keith, oye, apisona un poco de arena mojada sobre esa pared para que no se derrumbe —dijo el tío Don.

Keith obedeció. Este castillo de veras iba a estar bueno.

Keith trabajaba tan duro para construirlo que no se dio cuenta de que otro niño se había acercado y los observaba desde cerca.

—¿Cuál es tu castillo? —preguntó el tío Don, levantando la vista.

—Ninguno —susurró el niño—. Mi mamá no sabe hacer castillos y mi papá...

No pudo terminar la frase porque un sollozo lo ahogó. Apartó la mirada con los ojitos llenos de lágrimas.

Keith miró al niño, entendiéndolo.

—¿Tu papá también está en el cielo? —preguntó con suavidad.

El niño asintió, mirando al suelo.

—¿Cómo te llamas? —quiso saber Keith.

—Karlin —respondió el niño.

Keith miró a su tío que parecía saber lo que estaba pensando.

—¿Por qué no nos ayudas con nuestro castillo? —dijo entonces Keith—. Nos encantaría ganar el concurso y seguro que entre los tres haríamos un castillo fabuloso.

El rostro de Karlin se iluminó.

—¡Sí, claro! ¡Eso me gustaría mucho! —exclamó.

—Muy bien, muchachos —les dijo entonces el tío Don restregando las manos—. ¡Vamos a cargar más arena!

Recuerda

Sigan amándose unos a otros fraternalmente.
Hebreos 13:1

PRESTA ATENCIÓN A LOS QUE ESTÁN SOLOS.

¡Tú puedes hacerlo!

Piensa en lo bien que te sientes cuando alguien te presta atención. Mira a tu alrededor hasta encontrar a quien parezca necesitar un amigo, y préstale atención.

Una decisión difícil

La mejor disciplina, y quizá la única que en realidad da resultado, es la autodisciplina.

Chance miró fijo las bandejas de galletas sobre la mesa de la cena. ¡Había cientos de galletas! Por el aroma y los colores supo que eran sus favoritas... ¡de nueces, con chocolate y avena!

Miró alrededor. No había nadie a la vista.

«¿Quién echaría de menos una galleta, cuando hay tantas?», se dijo en voz alta.

«Alguien puede haberlas contado por una razón en especial», se contestó, recordando que su mamá estaba a cargo de una gran fiesta en la escuela.

«Pero, ¿por qué tuvo que preparar justamente mis galletas preferidas? Sabe que me vuelvo loco si las veo sobre la mesa», se dijo.

«Quizá preparó tus galletas preferidas porque son todas para ti y tus compañeros, mañana», se respondió.

«Nadie sabrá que fui yo quien tomó una galleta», se convenció.

En ese momento entró su hermana Heather.

—¿Estás solo? Me pareció oír voces.

—Sí, estoy solo —dijo Chance, con un poco de vergüenza por haber sido atrapado hablando consigo mismo.

—¿Y sobre qué discutías? —preguntó Heather.

—No importa —dijo Chance dirigiéndose a la puerta para salir.

—¿Y quién ganó? —rió Heather.

—Mi mejor yo —dijo Chance—. El yo que en realidad quiere una galleta pero que no quiere que lo atrapen robando, y que espera que mañana le darán una de todos modos. Tengo que salir de aquí porque el olor me vuelve loco. Ese yo es el que ganó.

Recuerda

El fruto del Espíritu es [...] dominio propio.
Gálatas 5:22-23

DIOS TE AYUDARÁ A RESISTIR A LA TENTACIÓN.

¡Tú puedes hacerlo!

Haz la voluntad de Dios y pídele que te dé su poder. De esa forma, tendrás fuerza de voluntad de verdad.

Hazte tiempo para todos

Nunca digas no a la aventura. Siempre di que sí.

—Vamos —dijeron Jason y Mandy—. Estamos listos para el parque acuático.

Los dos llevaban puestos los trajes de baño y estaban listos para salir.

—Hay una sola regla —dijo el papá—. Tenemos que estar juntos. Y si alguien se pierde, nos encontramos en la puerta de entrada.

El parque estaba lleno de gente que iba a nadar y a jugar ese día de calor. Había largas filas.

Jason sabía que tenían que tomar turnos, pero quería subir primero
a su juego:

—Vayamos primero al Barco Pirata —insistía.

—Bueno —dijo Mandy—, pero ¿vamos después al Crucero de la Sirena?

En la fila había por lo menos sesenta personas delante de ellos para entrar al Barco Pirata. *Es bueno que hayamos venido aquí primero*, pensó Jason. Después de una larga espera subieron al juego.

—¡Fue genial! ¿Vamos de nuevo?

—No. Dijiste que sería mi turno —protestó Mandy.

—Bueno, bueno. Pero después volvemos a este.

Y fueron al Crucero de la Sirena. Después la mamá quiso ir a los botes, y el papá a la carrera de troncos.

Todos tuvieron su turno para elegir un juego favorito. Pero como había filas largas, no les alcanzó más que para cuatro juegos.

—¿Tenemos que volver a casa ya? Yo quería volver al Barco Pirata —dijo Jason, rogando.

—Vamos a tener que volver ahora. Fue un día divertido. Todos disfrutamos. Y habrá más para explorar cuando volvamos otro día. Es que hay más diversión de la que puede caber en un solo día.

Yo he venido para que tengan vida, y la tengan en abundancia. Juan 10:10

PIENSA EN LOS DEMÁS Y TU MUNDO CRECERÁ.

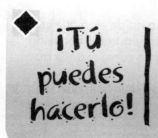

Aprende algo nuevo haciendo algo que quieran hacer los demás.

Un ganador de verdad

Debemos usar nuestras vidas para hacer del mundo un lugar mejor, y no solo para adquirir cosas. Para eso es que se nos ha puesto en esta tierra.

John y Eric iban ganando el maratón de bicicletas. Los dos estaban en quinto grado y avanzaban cabeza a cabeza, llevando mucha ventaja a los demás ciclistas.

Entonces John arrancó a toda velocidad:

—Lamento dejarte atrás, mordiendo el polvo.

—Todavía no termina la carrera —gritó Eric.

—¡Te espero en la meta! —dijo John por sobre su hombro, y desapareció veloz.

Decidió garantizar su victoria tomando un atajo. Había una bifurcación en el sendero. El camino de la izquierda pasaba por el bosque, pero el de la derecha era mucho más corto, bajaba por una empinada colina y luego se conectaba con el sendero de la ribera del río.

De repente Eric oyó un ruido fuerte, como de algo que caía al agua, y gritos. Parecía la voz de John. Con seguridad había ido demasiado rápido como para poder tomar la curva cerrada que había antes del río.

Eric tomó el sendero de la ribera. Cuando llegó vio que John había podido salir del agua, pero su bicicleta estaba destruida, y su pierna sangraba.

Eric de un salto bajó de su bicicleta:

—¡John! ¿Estás bien? ¡Te cortaste!

Vació su botella de agua sobre la pierna de John para lavar la herida, y luego ató un pañuelo sobre ésta para detener el sangrado.

—¿Te duele algo más? ¿Puedes pararte? —preguntó Eric.

—Me duele. Pero voy a estar bien. Gracias por detenerte. Ve, termina la carrera. Todavía puedes ganar.

—No voy a dejarte aquí. Siéntate y veremos cómo estás. Luego podremos volver caminando.

—Pero tienes que terminar la carrera, Eric.

—No importa. Sé que tú habrías hecho lo mismo por mí.

Recuerda

Esfuércense por mantener la unidad del Espíritu mediante el vínculo de la paz. Efesios 4:3.

LOS VERDADEROS GANADORES SABEN QUÉ ES LO MÁS IMPORTANTE.

¡Tú puedes hacerlo!

No permitas que la competencia te impida ver lo que es más importante: ayudar a los demás. A veces, esto puede significar que tienes que sacrificar algo.

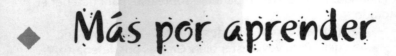

Más por aprender

¿No es asombroso que casi todos tengan algo que decir sobre la Biblia cuando hay tan pocos que la han estudiado?

—No sé por qué papá nos hace leer la Biblia y memorizar versículos cada semana. Nadie más en la escuela dominical memoriza versículos —le dijo Tyrone a su hermana Keesha.

—Al menos no cada semana —respondió Keesha.

—¡Los oí! —dijo el papá entrando en la cocina y tomando asiento—. ¿Me dicen que no saben por qué les hago memorizar versículos de la Biblia?

—Es que no sabemos por qué. Sé que piensas que es por mi bien, pero yo no veo por qué. Tengo tres Biblias que puedo leer —dijo Tyrone.

—Primero —explicó el papá—, cuando sean un poco más grandes verán que recuerdan lo memorizado más que lo que han leído. Quiero que recuerden la Biblia. Así como recuerdan el Preámbulo de la Constitución que aprendieron de memoria, pero quizá no recuerden lo que aprendieron la semana pasada en la clase de historia.

—Es cierto —dijo Keesha.

—Segundo —continuó el papá—, si memorizan muchos versículos de la Biblia tendrán una mejor idea de lo que contiene la Biblia en realidad. Conocerán personas que les dirán qué dice la Biblia pero que nunca la leyeron y no saben en realidad qué dice. A veces la gente les dirá que hay algo en la Biblia y sabrán que no es así, y otras veces les dirán que tal o cual cosa no está en la Biblia y tampoco será verdad.

—¿Como qué? —preguntó Tyron.

—¿Oíste decir alguna vez: "En boca cerrada no entran moscas"?

—Sí, claro. La abuela lo dice siempre —dijo Keesha.

—¿Está en la Biblia eso? —preguntó el papá, levantándose y dejando la cocina.

—¿Está? ¿O no? —le preguntó Keesha a su hermano mayor.

—Supongo que tenemos que leer y memorizar más —contestó Tyron.

Recuerda

Con mis labios he proclamado todos los juicios que has emitido. Salmo 119:13

APRENDE A RECORDAR LAS PALABRAS DE DIOS.

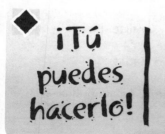

¡Tú puedes hacerlo!

Si memorizas un versículo de la Biblia cada semana sabrás cientos de versículos para cuando seas adulto.

Las apariencias no son más que ¡apariencias!

Desde entonces, en la naturaleza de las cosas, (el lobezno) debiera desconfiar mucho de las apariencias. Debiera aprender la realidad de algo antes de poder depositar su confianza en ello.

Raymond y Matías estaban en la misma clase. Raymond admiraba a Matías de verdad, porque siempre sacaba las mejores calificaciones. Podía leer sin perderse ni una palabra. Y en matemáticas siempre lo hacía todo perfecto. Además, ¡era un niño genial!

Raymond deseaba poder ser tan inteligente como Matías. La vida sería perfecta entonces. Pero no era muy buen estudiante. Detestaba leer en voz alta y hablar ante toda la clase.

Era un día lluvioso al final del semestre, y Raymond y Matías estaban dentro esperando que llegara el autobús. Tenían sus boletines de calificaciones. Matías parecía asustado. Raymond no podía imaginar qué le estaba pasando.

—Oye, ¿estás bien? ¿No pareces sentirte bien? —dijo Raymond.

—Uh... estaré bien... creo —respondió Matías.

—No estoy tan seguro —continuó Raymond.

—Es que mis calificaciones... Saqué una C en geografía —admitió al fin Matías.

—¡Vaya! Siempre sacas A. Yo tengo una C, porque me cuesta recordar los nombres de todos esos países. Pero tú eres muy inteligente. Pensé que te resultaba fácil sacar A.

—¡Claro, ojalá fuera así! —dijo Matías—. Mi papá no me deja jugar a nada hasta haber terminado con la tarea. Tengo que estudiar por adelantado. Estuve estudiando. Pero sé que se va a enojar porque me parece que necesito clases de apoyo y no sé si podrá pagarlas.

—Matías, lo siento. Yo pensaba...

—Está bien. Todos creen que no me cuesta sacar buenas notas. Supongo que es porque no me quejo. Nada más me sentí triste por la C. Te veo luego —dijo al subir a su autobús.

Supongo que no siempre todo lo que se ve por fuera es igual cuando uno echa una mirada al interior, pensó Raymond.

◆ Recuerda ◆

Den gracias al S EÑOR*, porque él es bueno; su gran amor perdura para siempre. Que lo digan los redimidos del S*EÑOR*, a quienes redimió del poder del adversario. Salmos 107:1-2*

LAS COSAS NO SIEMPRE SON LO QUE APARENTAN SER.

¡Tú puedes hacerlo!

Da gracias al Señor por todo lo que Él te hizo ser: eres lo que Él ideó en su perfecto plan.

Enfermo de celos

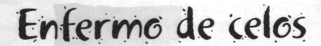

Los celos son una ampolla en el talón de la amistad.

—¿Fuiste a ver la nueva película de espionaje? —le preguntó Quentin a Bailey.

—No, todavía no —respondió Bailey.

—Yo sí. Mi papá nos llevó a mí y a mis hermanos a verla el sábado. Y después fuimos a comer pizza —dijo Quentin.

—Parece que se divirtieron —dijo Bailey deseando que le hubieran invitado.

—¿Sabes dónde iremos el fin de semana? —preguntó Quentin.

—¿Dónde?

—A ese nuevo parque de diversiones con todos esos juegos y toboganes de agua, ¡y esa montaña rusa terrible! ¡No puedo esperar a probarla!

—Ah, sí —dijo Bailey.

Cuando dejaron sus bicicletas, Bailey observó que la de Quentin no era la bicicleta de siempre.

—¿Te gusta mi bici nueva? —preguntó Quentin notando que Bailey la miraba—. Fue un regalo de cumpleaños por adelantado. Papá dijo que era en recompensa por mis notas en Historia.

Bailey pensó en Quentin con fastidio ese día. En la cena se quejó de la comida:

—¿Por qué no podemos comer pizza? —gimoteó.

—¡Bailey! —dijo su mamá—. El pollo frito es tu comida favorita.

—No-o-o —dijo Bailey—. La pizza es mi comida favorita.

—¿Y por qué no podemos ir a ver esa película nueva? —preguntó luego.

Los padres de Bailey se miraron.

—¿Qué pasa? —preguntó su papá.

—Es que Quentin va al cine, y a comer pizza, y al parque de diversiones, y tiene una bicicleta nueva —dijo Bailey todo seguido y sin tomar aire.

—¿Estás celoso de Quentin? —quiso saber su mamá.

—Un poco, quizá —admitió Bailey.

—¿Y te hacen sentir bien los celos? —preguntó el papá.

—No.

—Entonces, vamos a orar ahora mismo para pedir a Dios que te ayude a no estar celoso —dijo el papá—. De ese modo podrás disfrutar de este riquísimo pollo frito.

Recuerda

Más vale un puño lleno con descanso, que ambos puños llenos con trabajo y aflicción de espíritu Eclesiastés 4:6 (RV60)

AGRADECE LO QUE TIENES.

¡Tú puedes hacerlo!

Pregúntate lo siguiente: ¿Tengo amor? ¿Una familia que me ama? ¿Comida y ropa suficiente? ¿Buenos amigos? Si la respuesta es «Sí», entonces tienes todo lo que necesitas.

Los juguetes
son para compartir

**No hay acto de bondad, por pequeño que sea, que
pueda desperdiciarse.**

—Ya fue tu turno. ¡Ahora es el mío!

—Pero fue corto. Y tú jugaste dos veces.

—¡No es cierto!

—¡Sí que lo es!

Chris y Ginger habían pasado una semana buenísima acampando junto al lago con su mamá y papá, pero ya había terminado y mañana tendrían que empacar para volver a casa. Y luego, en dos semanas volverían a la escuela. ¡Vaya! ¡Sí que pasaba rápido el verano!

Ese año la familia había tomado prestado el Jet Ski del tío Jim para esa semana junto al lago. Chris y Ginger habían aprendido a manejarlo y se habían divertido mucho.

—Niños, basta de pelear. Solo hay tiempo para una vuelta más en el Jet Ski. Pero no se tarden porque va a oscurecer y tenemos que empacar.

En ese momento Chris y Ginger vieron a Romero. Había venido al lago con sus abuelos, que tenían la cabaña contigua. Romero jugaba solo en la playa mientras sus abuelos lo miraban, sentados en las hamacas. Romero no tenía con quién jugar, y no tenía un Jet Ski.

Chris y Ginger se miraron. Se sentían mal por haber sido tan egoístas.

—¡Oye, Romero! —gritó Ginger—. ¿Quieres probar el Jet Ski? Nos vamos mañana y solo hay tiempo para una vuelta más. Puedes usar mi turno.

Los ojos de Romero se iluminaron y sonrió muy contento.

—¡Vaya! ¿De veras?

—¿Le da permiso, señor Sansone?

—Claro que sí, si Romero quiere ir.

—¡Vaya! ¡Gracias, abuelo! Gracias, Ginger. ¡Vuelvo en un rato!

♦ Recuerda ♦

Cada uno ponga al servicio de los demás el don que haya recibido, administrando fielmente la gracia de Dios en sus diversas formas.
1 Pedro 4:10

COMPARTIR DA ALEGRÍA.

¡Tú puedes hacerlo!

Comparte hoy un juego o juguete favorito con alguien que no lo tiene.

◆ Antes de dar el salto

Los amigos tienen que tener confianza mutua... porque no hay nada como un amigo de verdad.

—Alumnos, nos queda solo una hora para terminar este proyecto. Apúrense y tomen sus abrigos. Nos encontramos en la puerta de entrada. No podemos salir hasta que estén todos.

Grayson abrió su armario y buscó su chaleco. No podía encontrarlo. *¿Dónde estaría?* Buscó entre todo lo que había en su armario y también en el estante de arriba. No tenía tiempo de seguir buscando porque la señorita Ogilvie estaba lista para salir. Tendría que ir sin abrigo. Quizá alguien encontraría su chaleco y lo entregaría en la oficina.

Grayson notó que Jimmy tenía un abrigo igual: el de la Liga Nacional de Fútbol. Él y Jimmy eran de la misma talla. Grayson se preguntó si Jimmy tendría puesto su abrigo. Habían compartido el armario el año anterior. Quizá Jimmy recordaba la combinación del candado y había tomado su abrigo.

—Jimmy, lindo chaleco. ¿Dónde lo conseguiste?

—Acabo de comprarlo. Me queda perfecto. Siempre quise uno así. ¿No tenías uno tú?

Grayson no creía que la familia de Jimmy pudiera comprarle un chaleco como esos, porque eran caros. ¿Qué debía hacer?

Estaba seguro ahora de que Jimmy llevaba puesto su abrigo. Quería pedirle que se lo devolviera.

En ese momento Grayson vio que llegaba su mamá. Salió del auto y se acercó a él:

—Grayson, olvidaste tu abrigo en casa esta mañana. Hace frío y pensé que lo necesitarías.

Gracias a Dios, pensó Grayson. *Casi acuso a mi amigo de robar mi abrigo.*

—Gracias, mamá. ¡De verdad lo necesitaba!

No testifiques sin razón contra tu prójimo, ni mientas
con tus labios.
Proverbios 24:28

¡MIRA BIEN ANTES DE DAR EL SALTO!

Siempre cree lo mejor de todos. Investiga todos los hechos antes de sacar conclusiones.

¿De quién eres hijo?

Eres mío y yo soy tuyo. Así sea. Amén.

—¿De quién eres hijo? —preguntó la mamá en tono tan alegre como el de una porrista.

—¡Soy uno de los niños Williams! —dijeron los tres niños desde el asiento trasero, también en tono de fiesta.

—¿Quién es familia? —preguntó la mamá.

—¡Nosotros! —respondieron los niños.

—¿Y qué hacen los miembros de una familia? —quiso saber la mamá.

—¡Se aman! —gritaron todos.

—No lo olviden nunca —dijo entonces la mamá en tono normal—. Recuerden eso todo el día.

La familia decía eso todas las mañanas de camino a la escuela. Un día el niño del medio, Tom, le preguntó a su mamá:

—¿Por qué hacemos esto cada mañana?

Mamá respondió:

—Porque quiero que sepan que la familia es muy importante. Ustedes son de alguien que los ama y cuida. Tienen un hermano y una hermana que les pertenecen. Necesitan amarse y cuidarse. Y además, quiero que sepan que son todos muy valiosos.

—Uhhh, mamá —dijo Torry—. Suenas como mi maestra de la escuela dominical. Nos dice lo mismo, con respecto a Dios.

—¡Acaban de darme una idea! —dijo la mamá—. Vamos a agregar una línea.

—¿Quién ama a la familia Williams, y a quién ama la familia Williams? —preguntó la mamá otra vez con tono festivo.

—¡A Dios! —dijeron los tres al unísono desde el asiento trasero.

—Ahora, siempre recuerden eso —dijo la mamá—. Recuérdenlo durante todo el día.

Recuerda

Haré de ustedes mi pueblo; y yo seré su Dios.
Éxodo 6:7

DIOS ES NUESTRO PADRE CELESTIAL
¡Y NOSOTROS SOMOS SUS HIJOS!

¡Tú puedes hacerlo!

Es mucho más fácil amar a los demás cuando recordamos que Dios es el Padre celestial de ellos también.

Confiar con gozo

Si no encuentras gozo en tu religión, hay algo que está fallando en tu forma de ser cristiano.

Esa semana Miles se había quedado dormido, había perdido el autobús, olvidado su almuerzo, se le había caído la mochila en un charco y fue sorprendido corriendo en los pasillos.

No había sido una buena semana, y el viernes empeoró porque el señor Beyer les dio una prueba de matemáticas y Miles solo contestó bien cinco de las diez preguntas.

—¡Uh! ¡Qué mal! —dijo Ted, su amigo, mirando la prueba.

—Sí —dijo Miles—. Y voy a tener que tomar clases extra.

Los niños iban caminando hacia la parada del autobús después de clases. Se acercó corriendo un niño dos años mayor. Chocó con Miles y casi lo hace caer, pero siguió corriendo.

—¡Oye! —gritó Ted, disponiéndose a ir tras él.

—Déjalo —dijo Miles—, estoy bien.

—¡No vas a dejar que se vaya así nomás! —protestó Ted.

—Tengo que practicar mi lección —dijo Miles con calma.

—¿Qué lección?

—La de la escuela dominical. Esta semana tenemos que poner en práctica Filipenses 4:4: Alégrense siempre en el Señor. Eso significa que no importa lo que suceda tenemos que recordar que Dios siempre tiene el control de todo y por lo tanto no hay que volverse loco cuando pasa algo malo.

—¿Algo como perder el autobús o como olvidar tu almuerzo? —preguntó Ted.

—Sí, o sacar una mala nota en la prueba de matemáticas — sonrió Miles—. Es difícil no enojarse, pero me siento bien sabiendo que alguien está cuidándome.

Alégrense siempre en el Señor. Insisto: ¡Alégrense!
Filipenses 4:4

CONFÍA EN QUE DIOS TE DARÁ ALEGRÍA.

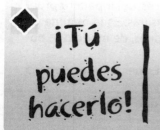

En medio del peor día de tu vida —o de la peor semana— puedes estar seguro de que Dios está allí contigo y que no quiere que te preocupes. ¡Él se encargará de todo!

Todos ganan

Son los altos y poderosos quienes caen desde más arriba.

Cada dos semanas, los sábados y domingos eran muy aburridos. Porque Esther, la hermanastra de Clint, estaba de visita para ver a su padre. Clint y Esther tenían la misma edad. Lo peor de todo era que Esther siempre sacaba las mejores notas en la escuela, mientras a Clint le costaba siquiera poder pasar sus exámenes.

Esther era buena en casi todas las materias, y Clint también tenía sus talentos. Era un genio en la computadora y un excelente jugador de hockey. Durante la temporada, vivía, comía y respiraba hockey.

Había un problema, y era en realidad grande. Si Clint no subía sus calificaciones no podría jugar al hockey. La semana siguiente tendría una prueba de inglés. Tendría que pasarla o colgar los patines.

—Clint —dijo su padre—, tienes que estudiar para tu prueba de inglés, así la semana que viene pasarás. Es la materia en que Esther obtiene sus mejores calificaciones, de modo que podría ayudarte.

Diciendo esto salió para ir a buscar a Esther, que se quedaría el fin de semana.

Todo iba de mal en peor. No quería que Esther sospechara siquiera que necesitaba su ayuda.

Esther y su padre llegaron a la hora de la cena.

—Clint —preguntó Esther—, ¿cómo va la escuela? ¿Jugarás hockey este año?

—Seguro —respondió él. Clint sospechaba que ella sabía lo que pasaba, y solo estaba metiendo el dedo en la llaga.

—Me resulta difícil la clase de computación. No entiendo casi nada... de verdad —dijo Esther.

Clint tuvo una idea.

—Esther, hagamos un trato. Te ayudaré con computación si me ayudas a pasar la prueba de inglés.

—¿De veras? —preguntó Esther—. ¡Vaya! Eso estaría genial. Si me ayudas, sé que lo entenderé.

Clint no podía creer que Esther necesitara ayuda. *¡Podría funcionar para ambos!*, pensó.

Pase lo que pase, compórtense de una manera digna del evangelio de Cristo. De este modo [...] sabré que siguen firmes en un mismo propósito, luchando unánimes por la fe del evangelio. Filipenses 1:27

SIEMPRE HAY AYUDA DISPONIBLE.

¡Tú puedes hacerlo!

Si necesitas ayuda, trágate tu orgullo y admite tu necesidad. Luego busca la forma de encontrar ayuda. Debes estar dispuesto a aceptar la ayuda de otros.

La lección de natación

**El coraje es tener miedo a la muerte...
y montar de todos modos.**

—Apúrate —le dijo la mamá a Daniel—. Toma una toalla cuando salgas y no olvides tus sandalias. Ya tengo los tapones de oídos y las antiparras si las necesitas.

Daniel no quería apurarse. De hecho, ni siquiera quería ir a la piscina.

—Estás actuando como si no te entusiasmara tu primer día de clases de natación —dijo su mamá—. El año pasado te gustaba.

—Eso fue el año pasado —respondió Daniel.

—¿Y qué hay de malo con este año? —preguntó su mamá.

—Este año la clase es en el medio de la piscina —respondió Daniel.

—Sí —dijo la mamá—. Terminaste el curso de la parte poco profunda, y al final del verano te pasaron al curso de media piscina. Aprendiste a saltar, luego a flotar de espaldas y a patalear hasta llegar al borde.

—No sé si recuerdo todo lo que aprendí —dijo Daniel—. El medio es bastante profundo.

—Cuatro cosas —dijo la mamá—. Una, no creo que hayas olvidado lo que aprendiste. Lo recordarás. Dos, tu maestro estará allí y no permitirá que te ahogues. Tres, has crecido unos cinco centímetros desde el año pasado. La parte del medio tiene un metro de profundidad, así que creo que tocarás el fondo con la punta de los pies este año, sin tener que hundir la cabeza en el agua.

Daniel no había pensado en eso.

—¿Y qué es la cuarta cosa? —preguntó Daniel.

—La número cuatro es que Jesús te ayudará a hacer esto. Es bueno aprender a nadar, y Jesús siempre nos ayuda a aprender cosas buenas.

—Mejor será que nos apuremos —dijo Daniel—. No quiero ser el último en llegar.

Estaré contigo; no te dejaré ni te abandonaré.
Sé fuerte y valiente.
Josué 1:5-6

¡TÚ PUEDES HACERLO!

Nunca sabrás cuán bueno puedes ser a menos que pruebes. Sé valiente y tu próximo paso te llevará a la excelencia.

Palabras para el crítico

Aléjate de los que intenten menoscabar tu ambición. La gente pequeña siempre lo hace, pero los que son en realidad grandes te hacen sentir que también tú puedes llegar a ser grande.

—Estoy harto de Kyle —bufó David y dejó el vaso sobre la mesa con tal fuerza que casi lo rompe.

—¿Qué pasó? —le preguntó su madre.

—Diga lo que diga, Kyle siempre me critica: "¿Por qué lo dices?

Eso no sirve". Si logro llegar a la base, Kyle dice: "¡Lástima que no fue un jonrón!". Si tengo una idea, dice: "¡Qué tonto!" Nunca tiene una idea buena, pero siempre critica lo que yo digo o hago.

—Parece que tienes un crítico personal —dijo su mamá.

—Bueno, no lo necesito. Quizá yo no sea de lo mejor, pero no necesito a Kyle diciéndome todo el tiempo que lo hago todo mal, en especial porque él tampoco es de lo mejor. De hecho, suele hacerlo todo peor que yo.

—Los críticos son así muchas veces —dijo mamá—. A veces menoscaban a los demás para tratar de verse mejores.

—Pero ¿qué le digo a Kyle? Siento que querría insultarlo y no volver a hablarle nunca más.

—Intenta con felicitarlo por algo. Busca algo por lo que puedas elogiarlo.

—¿Cómo qué?

—Oh, algo como: "Oye, me dijeron que sacaste buena nota en ortografía" o "está linda tu nueva camisa". Pídele a Dios que te muestre algo bueno que puedas decir, con toda intención. Creo que quizá veas un cambio en Kyle.

David probó con la idea de su madre. Las primeras veces, Kyle se quedó mirándolo, pero después dejó de ser hiriente. *Y lo más gracioso,* pensó David, *es que ¡Kyle ni siquiera se enteró de por qué sus críticas ya no parecían tan buenas ideas!*

Recuerda

*La respuesta amable calma el enojo, pero la agresiva
echa leña al fuego.
Proverbios 15:1*

DI LO QUE A TI TE GUSTARÍA OÍR.

¡Tú puedes hacerlo!

Como respondemos siempre importa más que lo que nos puedan decir, o lo que digan a otros sobre nosotros. Pídele hoy a Dios: «Por favor, ayúdame a decir a los demás palabras positivas cuando oiga de ellos cosas negativas».

Cada granito de arena cuenta

Cuando se vacía la cartera se llena el corazón.

Gideon miró la moneda de veinticinco centavos que tenía en la mano. *Mi ofrenda es tan pequeña,* pensó, *que no se notará si la pongo en el plato o no. Nadie lo echará de menos.*

Puso la moneda en su bolsillo, tomó su Biblia y fue a la escuela dominical. La lección de esa semana era sobre una viuda que fue al Templo en Jerusalén y dio una ofrenda: dos moneditas de cobre que equivalían a unos cinco centavos. Jesús había dicho ¡que su ofrenda contaba! Gideon tragó saliva. Quizá Dios oyó mis pensamientos. Entonces su maestra contó esta historia:

«Había un príncipe en la India que una noche soñó con un bello jardín. El lago de ese jardín era distinto a cualquier otro porque estaba lleno de perfume. Su maravilloso aroma llenaba el jardín y la aldea cercana. Cuando el príncipe despertó decidió concretar su sueño. Aunque era muy rico no tenía dinero suficiente como para llenar un lago con perfume. Así que invitó a todas las personas de su reino a una fiesta, e indicó que cada uno trajera un frasquito de perfume para echarlo en el lago.

»Llegó gente de todas partes y uno por uno, echaron el perfume en el lago. Para sorpresa de todos, sin embargo, el lago no olía diferente. El príncipe al fin le pidió a alguien que tomara una muestra del agua cerca del lugar donde todos echaban el perfume. Para su desilusión, descubrió que ¡el agua era agua y nada más! Vio que todos habían pensado que su pequeña contribución no contaría y que habían traído agua en lugar de perfume para echar en el lago».

La maestra dijo:

—Nadie pensó que su contribución pudiera afectar. Y mucha gente siente lo mismo en cuanto a su ofrenda. La verdad es que cada granito de arena cuenta.

¡Gideon estaba impaciente por poner su moneda en el plato de la ofrenda!

Cada uno debe dar según lo que haya decidido en su corazón, no de mala gana ni por obligación, porque Dios ama al que da con alegría.
2 Corintios 9:7

DA CON CORAZÓN ALEGRE.

Da con alegría y Dios te devolverá para que puedas recibir con alegría.

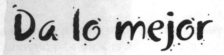

Da lo mejor

Ese hombre es un éxito... que buscó lo mejor en los demás y dio lo mejor de sí.

Todos los que conocían a David sabían que le encantaban los juguetes. No era de extrañar que tuviera más que cualquier otro niño que conociera. David tenía mucha imaginación y no le costaba nada inventar una historia, con mucha acción, para usar cualquier juguete que fuera.

—¿Qué te gustaría para Navidad? —le había preguntado la mamá la noche anterior.

—¡Juguetes! —dijo David. Y comenzó a hacer una lista de los juguetes que quería. Para su sorpresa, su mamá le dijo:

—Bueno, David. Suena como una buena idea pero primero tienes que regalar seis juguetes de los tuyos.

—¿Por qué? —quiso saber David.

—Porque tienes que hacer lugar para los juguetes nuevos, y porque hay niños que no tienen ninguno. Piensa en cuáles regalarás.

David revisó su cuarto y al fin eligió seis juguetes de los que no le costaría deshacerse. En realidad eran los más viejos y uno estaba un poco roto. Se los llevó a su madre.

—David. Tienes mucha imaginación, así que quiero que imagines lo que sería no tener ningún juguete.

Era difícil imaginar eso, pero David lo intentó.

—Ahora —dijo la mamá—, si no tuvieras juguetes ¿son estos los que te gustaría recibir?

David bajó la cabeza:

—No. La verdad, que no.

—La Navidad es dar, David... no recibir. Dios nos dio a su Hijo Jesús, y ese fue su mejor regalo para nosotros. Tenemos que dar lo mejor que tenemos. Usa tu imaginación para pensar cuáles son los mejores juguetes que puedes regalar.

David nunca había pensado en usar su imaginación para saber qué regalar. Fue como un juego para él. ¡Y le resultó fácil!

Todo lo que te venga a la mano, hazlo
con todo empeño.
Eclesiastés 9:10

EL QUE DA, RECIBIRÁ.

¿Qué es lo que puedes regalar este año para las fiestas? Preocúpate por lo que darás, tanto como lo haces por lo que quieres recibir.

No solo yo

Las palabras menos usadas por la persona que no es egoísta son: yo, mío, mí.

Ryan no entendía nada. *¿Cómo era posible que alguien pensara que una foto familiar era más importante que el juego del campeonato de béisbol?*, pensó. Dejó su uniforme de béisbol en el armario y se abotonó su camisa de vestir.

Su mamá no había hecho concesiones. «Esto tenemos que hacerlo». Hasta su padre estaba a favor esta vez. Toda la familia, con tíos, tías, primos, los dieciséis miembros, iban a tomarse una fotografía juntos.

—¡Pero papá! ¡Eso tardará siglos! —había protestado Ryan la noche anterior. Hoy no había dicho nada, pero andaba por la casa con gesto disgustado.

—Ryan, ¿estás listo? —preguntó papá entrando en la habitación.

—Sí.

El papá le indicó que se sentara en la cama.

—Ryan, sé que el juego de béisbol es importante para ti. Pero habrá muchos más. ¿Recuerdas lo tristes que estuvimos todos cuando murió Pawpaw hace dos años?

Ryan asintió, con un nudo en la garganta. No le gustaba recordar cuánto lo extrañaba.

—Mamá dice que desearía haberse tomado el tiempo de tomar una fotografía familiar cuando todavía estaba con nosotros. Queremos hacerlo ahora, con el abuelo y la abuela, mientras todavía podemos. ¿Puedes ayudarnos a recordar este momento como algo especial?

Ryan asintió de nuevo. Ahora entendía. Las fotografías de Pawpaw eran muy especiales para su mamá ahora. Había puesto algunas por la casa para ayudarle a recordar los buenos momentos.

Inclinó la cabeza cuando su padre salió de la habitación: «Dios, lo siento. Fui egoísta y solo pensaba en el béisbol y en lo que yo quería hacer. Perdóname, y ayúdame a hacer que este momento sea divertido para toda la familia, incluyendo a Timmy, mi prima tan pesada. Amén».

Recuerda

Por lo tanto, como escogidos de Dios, santos y amados, revístanse de afecto entrañable y de bondad, humildad, amabilidad y paciencia. Colosenses 3:12

PIENSA EN LOS DEMÁS.

¡Tú puedes hacerlo!

¿Piensas que todo debe girar en torno a ti y lo que quieres hacer? Por supuesto que no. Pero a veces es difícil recordarlo, ¿verdad? Pídele a Dios que te ayude a tomar en cuenta los sentimientos de los demás.

Sé el primero

No conozco la clave al éxito, pero sé que la clave al fracaso es intentar agradar a todos.

Neil miró la enorme casa abandonada, con las enredaderas cubriendo la galería y las ventanas tapadas con madera. Los escalones de entrada parecían no poder soportar el peso de una hormiga.

«Te desafío a ir y abrir esa puerta», le había dicho Sam. Cuando Neil no hizo ni dijo nada, Bob y Will le dijeron «cobarde» y «miedoso».

Y Neil tenía miedo. La vieja mansión McBride siempre le había dado miedo. Había algo tenebroso en la forma en que las malezas habían cubierto el jardín, en la pintura descascarada, en el techo destruido y casi sin tejas ya. La gente decía que la casa estaba embrujada. Neil no sabía si creerlo o no, pero estaba seguro de haber visto murciélagos volando por allí en la noche.

¡La idea de ir e intentar abrir la puerta no le daba tanto miedo como el pensar que pudiera abrirse sin problemas!

De repente, Neil se encontró pensando: *Un momentito. Esto no es lo que Dios quiere que yo sienta.* Recordó un pasaje de la Biblia que había leído la semana anterior: *«Dios no nos ha dado espíritu de cobardía». Quiere que seamos fuertes y tomemos decisiones buenas.*

—No voy a ir hasta la puerta —dijo Neil. Se sorprendió de que su voz le saliera tan fuerte, firme y valiente—. Eso sería invadir la propiedad privada, y yo no lo haré.

Sintió que su valor aumentaba.

—Y estoy seguro de que no hay nadie allí dentro que me invite a comer galletas con leche, como nos daría mi madre.

—¿Galletas y leche? —preguntó Bob.

—¿Qué estamos esperando? —dijo Will.

—¡El que llegue primero come más! —gritó Neil mientras corrían a su casa.

Recuerda

*Porque no nos ha dado Dios espíritu de cobardía, sino
de poder, de amor y de dominio propio.*
2 Timoteo 1:7 (RV60)

DILE NO AL TEMOR DE LO QUE LOS DEMÁS
PUEDAN PENSAR DE TI.

¡Tú puedes hacerlo!

Hace falta valor para enfrentar a los que te desafían. Hoy, pídele a Dios que te ayude a decirle no al miedo, y no a lo que está mal.

Poco a poco

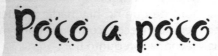

Camino lento, pero nunca retrocedo.

—Esta casa en el árbol nos llevará años construirla —se quejó Jake.

—¿De veras? ¿Cuánto tiempo llevan construyéndola? —preguntó el papá.

—¡Casi dos horas! —respondió Jake—. Al abuelo y a mí nos llevó una hora entera dibujar el plano, y una hora más ir a comprar todo lo necesario para construirla. Pero ahora, el trabajo de hacerla nos llevará semanas.

—Pero entonces piensa que te durará años y la disfrutarás durante mucho tiempo —dijo el papá.

Jake sonrió, a pesar de su desazón.

—Una buena obra siempre toma tiempo, Jake. Dios no hizo el mundo en un día, ¿sabes? ¡Le llevó una semana entera!

—Es cierto —comentó Jake—. Me pregunto cuánto le habría llevado construir una casa en el árbol.

Papá entonces explicó:

—Hace unas semanas estudiaron la vida de Thomas Edison en la escuela ¿no es así?

—Sí. El que inventó muchísimas cosas muy útiles e inteligentes —respondió Jake.

—Así es —dijo el papá—. ¿Sabías que Thomas Edison tenía un reloj sobre el escritorio, pero que el reloj no tenía manecillas?

—¿No quería saber qué hora era? —preguntó Jake—. ¿Por qué haría algo así?

—Edison creía que el trabajo se debe medir por sus logros, y no por las horas que lleve. Creía que el trabajo es solo un dos por ciento de inspiración y un noventa y ocho por ciento de transpiración —dijo el papá—. Al término de cada día, Jake, mira lo que hiciste, y no cuánto te falta. Si haces un poco cada día, no pasará mucho hasta haber terminado la casa del árbol.

Y entonces lo que dijo el papá sonó como música en los oídos de Jake.

—Además, olvidé decirte que esta tarde vendrá el abuelo para ayudarte.

Recuerda

Hagan lo que hagan, trabajen de buena gana.
Colosenses 3:23

LA CALIDAD TOMA TIEMPO.

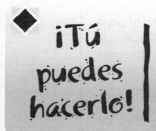

¡Tú puedes hacerlo!

Aunque tu progreso sea lento y tus pasos, pequeños, sigue avanzando y con el tiempo llegarás a tu objetivo si no lo abandonas.

Reglas de la cafetería

Nunca harás nada mal cuando eliges obedecer a Cristo.

La familia Jacobs iría de viaje ese verano, visitando cuatro estados en el sudoeste de los Estados Unidos. Un día se detuvieron a almorzar en una cafetería en las afueras de un pueblecito de Texas. Mientras comían, Ember vio un cartel en la pared de la cafetería:

—Mira, papá —dijo ella—, en esta cafetería tienen reglas.

El papá miró el cartel y sonrió:

—¿Reconocen esas reglas? —preguntó.

Gene las miró fijo y por largo rato y luego dijo:

—Me suenan conocidas.

La mamá sonrió y dijo:

—Papá ¿por qué no las lees en voz alta para nosotros?

El papá leyó:

"Diez Reglas Importantes para esta cafetería.

Regla número uno: Un solo Dios.

Regla número dos: Honra a tu mamá y a tu papá.

Regla número tres: Nada de chismes ni cuentos

Regla número cuatro: Ve a la iglesia los domingos".

—¡Ya sé! ¡Ya sé! —dijo Ember—. Son los Diez Mandamientos.

—¡Así es! Y aquí están los otros seis.

Y leyó:

"Regla número cinco: Dios es lo primero, no pongas nada delante.

Regla número seis: No andes con la novia del otro.

Regla número siete: Nada de matar.

Regla número ocho: Cuidadito con decir malas palabras.

Regla número nueve: Nada de tomar lo que no es tuyo.

Regla número diez: No andes queriendo siempre lo que tiene el otro".

—Está bueno —dijo Brett cuando el papá terminó.

—La gente de todo el país sabe qué es lo que hace falta para formar una sociedad decente —dijo la mamá—. Los mandamientos de Dios no son solo para la gente de los tiempos bíblicos. Son para todos, en todos los tiempos.

◆ Recuerda ◆

Lo que importa es cumplir los mandatos de Dios.
1 Corintios 7:19

LOS MANDAMIENTOS DE DIOS SON PARA NUESTRO BIEN.

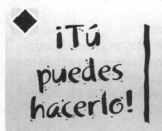

¡Tú puedes hacerlo!

Dios no nos dio los Diez Mandamientos para quitarnos la diversión. ¡No! Él nos los dio para que podamos tener la mejor vida posible, hoy y siempre.

Cumplir

La diligencia vence a las dificultades

—¿Cómo va tu promesa a las misiones? —le preguntó el papá a Antón unos meses después de su promesa de donación a las misiones.

—Bien —dijo Antón, pero sabía que su papá se daría cuenta por el tono de su voz que no era verdad—. En realidad, no tan bien —admitió.

—Tu plan era bueno, ¿qué falló? —quiso saber el papá.

—Bueno, no recibí para mi cumpleaños tanto dinero como esperaba. Y luego gasté parte del dinero en un videojuego que dije que no compraría.

—Así que, ¿qué harás? —preguntó el papá—. ¿Les preguntaste a los vecinos si tenían algún trabajo para que hicieras?

—A dos. Pero no tenían nada —dijo Antón.

—Hmm. Parece que necesitas un nuevo plan —dijo el papá.

—¿Crees que los misioneros necesiten que les dé cien dólares? —preguntó Antón.

El papá enseguida vio hacia dónde iba.

—Antón, dijiste que confiarías en que Dios te ayudaría a ganar el dinero para cumplir tu promesa. Una cosa es hacer todo lo que crees que Dios te dice, y luego no llegar. Pero es muy distinto no pedirle a Dios que te ayude, o no hacer lo que Dios te indica que hagas.

Antón pensó durante unos minutos:

—Sé que tienes razón, papá. Es más difícil de lo que creí. Los primeros veinte dólares fueron fáciles de ganar y de dar. Pero después, todo se detuvo.

Casi una hora después el papá vio a Antón salir con su gorro puesto.

—¿Adónde vas? —le preguntó.

Abriendo la puerta, Antón contestó:

—¡Salgo para ver si el señor Phillips necesita que rastrille las hojas secas de su jardín!

Recuerda

Lleven ahora a feliz término la obra, para que, según sus posibilidades, cumplan con lo que de buena gana propusieron.
2 Corintios 8:11

SIGUE TRABAJANDO SEGÚN TU PLAN.

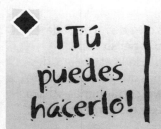

¡Tú puedes hacerlo!

Si Dios te da un objetivo, confía en que también te dará un plan para alcanzarlo, y que te dará el coraje y la diligencia para «trabajar según tu plan» hasta concretarlo.

Dólares y sentido común

El centavo que ahorras es un centavo más que ganas.

—Scott tiene todo lo mejor. Tiene la mejor bicicleta, los mejores juegos de computadora. Le dan todo —se quejó Ian con su mamá y papá. Aunque Ian era mayor que Scott no había aprendido a administrar el dinero.

—Ian, sabes que tu mesada es mayor que la de Scott porque eres más grande y haces más tareas —le dijo su papá—. Lo que pasa es que Scott sabe ahorrar más que tú.

—¿Por qué no haces una lista de tus gastos y entradas de dinero. Así podrás ver en qué estás gastando —sugirió su madre.

—Parece aburrido. Pero lo haré —aceptó Ian.

—Comienza por la mesada de esta semana —le dijo su papá. Le mostró cómo ir anotando en una lista lo que tenía y cómo lo gastaba.

—Es fácil. Solo hay que recordar anotar cada cosa.

Dos días después el papá de Ian le preguntó:

—¿Cómo vas, Ian?

—Solo me quedan seis dólares de los diez de mi mesada.

—Y en qué gastaste el dinero —quiso saber su papá.

—Bueno, compré palomitas a la salida de la escuela. Y después compré golosinas del grupo de jóvenes que recauda dinero para las misiones. Oh, y también un nuevo cortaplumas. Ahora que puedo ver en qué se va mi dinero, puedo elegir mejor. Puedo elegir entre comprar palomitas o ahorrar para algo lindo y que me guste —dijo luego Ian en voz alta.

El necio desdeña la corrección de su padre; el que la
acepta demuestra prudencia.
Proverbios 15:5

GASTA TU DINERO CON SABIDURÍA.

Al no gastar tu dinero estarás ahorrando. Tendrás lo suficiente para cuando quieras comprar algo que te guste de veras.

No tan genial después de todo

Las drogas te llevan más allá de donde quieres ir, te mantienen allí durante más tiempo del que quieres quedarte, y cuestan más de lo que puedes pagar.

—Hola, Charles, ¿qué tal?

—Muy bien, Milt. Faltan dos semanas para las vacaciones de primavera.

—Estoy esperándolas también.

—¿Qué harás?

—Voy a reunirme con algunos compañeros después de la escuela. ¿Por qué no faltas a la práctica y vienes con nosotros?

—No sé.

—Solo andaremos por ahí. Ven después de la práctica si quieres. Estaremos en casa de Owen.

—¿No están de viaje sus padres?

—Sí, pero está bien. Su tío Jim está con él.

—Bueno, lo pensaré. Me esperan en casa después de la práctica.

—Pasa de camino a tu casa si quieres. No es lejos ¿verdad?

—Bueno, Milt. Lo pensaré. Quizá te vea luego entonces.

Milt era un buen muchacho y siempre muy divertido. Se divertían juntos, y no quería perdérselo, pero no estaba seguro de que debiera "pasar por ahí de camino a casa" sin decirles nada a sus padres.

Lo pensaría después. Se le permitía faltar dos veces a las prácticas, y este año todavía no había faltado nunca.

Después de la práctica, Charles decidió ir directo a casa. Tenía una prueba de ciencias por la mañana y le hacía falta estudiar.

Al día siguiente en la escuela, la noticia corrió entre los niños:

—Charles, ¿te enteraste? Milt y Owen y algunos más fueron arrestados anoche en casa de Owen por andar con drogas.

—¿De veras? ¿Dónde están ahora?

—Los llevaron al tribunal de menores. Los padres de Owen tuvieron que volver. Esos niños se metieron en un problema grande.

Charles pensó. *Yo podría haber estado en ese problema también.*

Recuerda

Arrepiéntanse y apártense de todas sus maldades, para que el pecado no les acarree la ruina.
Ezequiel 18:30

JUEGA SIGUIENDO LAS REGLAS.

¡Tú puedes hacerlo!

Las tentaciones vienen todos los días. Descubre todos los hechos antes de comprometerte con un plan de acción.

La visita

Nada cambia una situación mala tanto como una palabra de bondad.

—Hay que apurarse —le dijo la mamá a Viona—. Queremos ver a Félix antes de que termine la hora de visita.

En el ascensor, subiendo hacia el octavo piso del hospital, Viona dijo:

—Mamá, estoy nerviosa. ¿Qué le digo a Félix?

—Félix ha sido amigo tuyo durante años —dijo su mamá—. Dile nada más lo que le dirías si no estuviese enfermo.

—Pero SÍ está enfermo —dijo Viona—. Tiene cáncer, y eso significa que podría morir.

El ascensor se detuvo, y Viona y su mamá salieron al pasillo.

—Vamos a sentarnos un momentito aquí antes de entrar —dijo la mamá dirigiéndose hacia una sala de espera—. Vi, solo Dios sabe si va a morir. Yo estoy orando y creyendo que Félix vivirá y antes de que salgamos vamos a tomarnos las manos con Félix y a pedirle a Dios que lo sane. Si Dios lo sana o no, eso lo decide Él. Nuestra tarea es la de orar con fe.

La mamá continuó:

—Y también nuestra tarea es la de animar a Félix. Tenemos que decirle que lo amamos y que esperamos el momento en que llegue a casa y podamos contarle las cosas que se harán en el vecindario para que no sienta que se ha perdido nada.

—Lo entiendo —dijo Viona. Y se dirigieron hacia la habitación de Félix.

—Hola, Félix —dijo Viona con tono alegre—. Tendrías que haber estado anoche. Perdimos ocho a dos. Te contaré cómo fue el partido.

Félix quería todos los detalles. Durante la siguiente media hora olvidó que estaba enfermo.

Recuerda

Saluden a los hermanos.
Colosenses 4:15

UNA PALABRA POSITIVA TIENE MUCHO PODER.

¡Tú puedes hacerlo!

Las palabras buenas que les dices a otros pueden cambiar sus vidas ¡para SIEMPRE! Pídele a Dios que te muestre lo que puedes decirle a la próxima persona con quien te encuentres.

Formular las preguntas adecuadas

El hombre más sabio es por lo general quien menos sabio se cree.

—¿Dónde conseguiste ese cono de helado? —preguntó Jerome. Era un día muy caluroso en la feria y había estado pensando en un cono de helado durante más de una hora.

—En el puesto de helados —dijo Pete.

—Ja... —rió Cal—. Seguro.

—¿Dónde está el puesto más cercano? Hemos recorrido la feria entera buscando uno —dijo Jerome.

—Da la vuelta aquí —dijo Pete señalando hacia una intersección marcada por una máquina de palomitas de maíz y un puesto de salchichas. Cal y Jerome salieron corriendo.

Pete se sentó en un banco para tomar su helado, y a los dos o tres minutos Cal y Jerome volvieron, con las caras enrojecidas y muy enojados.

—Creo que nos mentiste —dijo Jerome—. Fuimos a la intersección y miramos hacia los cuatro costados y no hay un puesto de helados.

—No les mentí —dijo Pete—. Ustedes salieron corriendo antes de que pudiera terminar de indicarles. Vale la pena quedarse a escuchar la respuesta a una pregunta.

—Bueno, te escuchamos —dijo Jerome.

—Tienen que doblar a la derecha y luego pasar por la Vuelta al Mundo y doblar a la izquierda. Allí hay un puesto de helados.

Pasaron unos minutos y los niños regresaron. Los tres juntos se sentaron a disfrutar de sus helados.

Recuerda

La sabiduría es lo primero. ¡Adquiere sabiduría! Por sobre todas las cosas, adquiere discernimiento.
Proverbios 4:7

PREGÚNTALE A DIOS: ÉL TIENE LA RESPUESTA.

¡Tú puedes hacerlo!

Sigue preguntando. Para obtener las MEJORES respuestas, asegúrate de formular las preguntas adecuadas. La pregunta más adecuada siempre es: «Señor, ¿qué quieres que haga, diga o aprenda?».

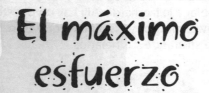

El máximo esfuerzo

Es divertido establecer metas, alcanzar metas y crear metas nuevas.

Jett y sus mejores amigos Ernie y J.T. querían entrar en el equipo de natación. Se habían realizado las pruebas toda esa semana, y por la tarde se anunciarían los nuevos miembros del equipo en la reunión escolar. Los amigos se sentaron juntos. Estaban muy entusiasmados. Estaban seguros de que los tres entrarían.

El director hizo unos anuncios, y luego llegó el turno de los entrenadores para nombrar a los elegidos para los equipos de natación, atletismo y softball. El entrenador de natación, el señor Carter, se levantó para anunciar quiénes entrarían al equipo de natación. Primero las niñas: Abby, Madison, Hope, Kayla, LaTisha, Danielle y Carla. Y luego el equipo de varones: Miguel, Doug, Ernie, Drew, Brad, J.T. y Colin.

—¿Qué pasó, Jett? Tiene que haber un error. ¡Seguro que debes estar en el equipo!

Jeff miró el suelo.

—No sé qué pasó. Yo también estaba seguro de que entraría.

La reunión terminó y Jett y sus amigos fueron a su clase. El entrenador Carter se acercó a Jett.

—Jett, lamento que no pudieras entrar en el equipo este año. Creo que no hiciste tu máximo esfuerzo: no fuiste puntual para las prácticas y no entregaste tus informes. Todos dieron el cien por cien para poder entrar en el equipo. Lo sabes.

—Lo lamento. No me esforcé al máximo. Pensé que podía no cumplir con todo eso. Le he decepcionado.

—Jett, también te decepcionaste a ti mismo. Si en realidad quieres algo, tienes que esforzarte al máximo. Tienes mucho potencial para ser un gran nadador. Sigue trabajando en eso.

—Gracias, entrenador. Me esforzaré más.

Recuerda

No es que ya lo haya conseguido todo, o que ya sea
perfecto. Sin embargo, sigo adelante esperando
alcanzar aquello para lo cual Cristo Jesús
me alcanzó a mí.
Filipenses 3:12

ESFUÉRZATE AL MÁXIMO.

¡Tú puedes hacerlo!

Anota tus metas y sueños. Luego anota lo que piensas que costará alcanzarlos. ¿Eres capaz de tomar el compromiso que hace falta para concretarlos?

El más alto honor

**De la expansión de la aventura humana.
De eso trata el deporte.**

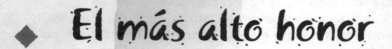o faltaba mucho para que comenzara la temporada de baloncesto. Si Collin no estaba practicando en la escuela, estaba encestando en casa.

Nicholas y Collin eran muy buenos amigos. Collin era bajo en estatura, pero le encantaba el juego. Nicholas encestaba mejor y jugaba siempre. Entre los dos formaban un equipo.

Collin no participaba en muchos juegos. A sus padres les preocupaba que quisiera dejar de jugar.

—Me encanta formar parte del equipo. ¡Son los mejores! —les dijo Collin a sus padres.

Cada vez que Collin podía jugar, solía tirarles la pelota a otros para que encestaran. Su papá le preguntó por qué no lo intentaba él.

—Papá, también hay otros que casi nunca juegan, pero saben encestar mejor que yo. Me encanta el juego, pero no tengo que ser siempre el que enceste.

Los Jaguars ganaron esa temporada. Cuando llegó el momento de la ceremonia de entrega de premios en la escuela vinieron todos los padres, y también los de Collin. No esperaban que ganara un premio pero sabían que a él le gustaría que estuvieran apoyando al equipo.

Se entregaron premios al Mejor Encestador, al Mejor Esfuerzo, al Jugador más Valioso. Collin vitoreaba a cada uno de los compañeros que ganaban un trofeo.

Entonces el entrenador Hubbard dijo que había un premio más: al Mejor Deportista. Era un premio nuevo este año, que los maestros habían votado. Y el premio al Mejor Deportista ¡era para Collin Griffin!

Collin no podía creer lo que oía. Sus compañeros cantaban:

—¡Co-llin! ¡Co-llin! ¡Co-llin!

Y siguieron cantando hasta que Collin llegó al frente para recibir su premio. Entonces, todos se pusieron de pie y lo aplaudieron.

Y Collin pensó: *¡Sí que es el mejor equipo del mundo!*

*El hierro se afila con el hierro, y el hombre en
el trato con el hombre.*
Proverbios 27:17

UNA ACTITUD GENIAL GANARÁ TODOS LOS JUEGOS.

Si no logras jugar durante mucho tiempo, o si ni siquiera logras formar parte del equipo, puedes alentarlos. Todo equipo necesita seguidores que le ayuden a ganar.

Formar parte del equipo

La oración no hace que la fe funcione. Es la fe la que hace funcionar a la oración.

Lance se esforzó durante todo el invierno practicando con su papá y su hermano mayor. Quería estar listo para cuando probaran a los candidatos para el equipo de béisbol. Una noche le dijo a su padre antes de ir a dormir:

—He estado orando y orando para entrar en el equipo pero no estoy seguro de si Dios contestará mis oraciones. Y no sé si tengo fe suficiente.

—¿Crees que Dios te ayudará si entras al equipo? —preguntó su papá.

—¡Claro! Dios me ayuda todo el tiempo en las prácticas.

—¿Y crees que Dios te ayudará si no entras al equipo? —preguntó entonces su papá.

Lance lo miró confundido.

—¿En qué tendría que ayudarme Dios si yo no lograra entrar en el equipo? —quiso saber.

El papá le respondió:

—Tienes que mantener una actitud positiva aun cuando alguien se burle porque no hayas entrado en el equipo. Porque será necesario apoyar a los que sí entraron. Eso me parece algo difícil de lograr.

—Seguro —dijo Lance—. No creo que podría fingir que no me importara. Todos saben que quiero entrar en el equipo. Así que tendría que estar dispuesto a admitir que siento desilusión, pero que con sinceridad me alegro por los demás.

—¿Crees que Dios te ayudaría con todo eso?

—Sí —contestó Lance después de pensarlo durante unos segundos—. Creo que Dios puede ayudarme a hacer todas las cosas, las que quiero hacer y que son difíciles, y también las cosas difíciles que no quiero hacer.

—Eso es fe de verdad —dijo su papá—. Es el tipo de fe que te ayudará a orar: "Haz lo que sea mejor en mi vida, Dios, aunque no siempre sea lo que yo quiera".

Recuerda

Porque para Dios no hay nada imposible.
Lucas 1:37

CREE. DIOS TIENE LA AYUDA QUE NECESITAS.

¡Tú puedes hacerlo!

Dios ofrece su ayuda en todas las cosas y en todo momento. ¡Solo tienes que pedírsela!

Todos los días

Es mejor ser fiel que famoso.

—**B**ien, ¿cómo fue este año? —les preguntó el papá a Brock y a Fran esa noche, después de que desempacaron y tomaron un baño caliente. Brock y Fran habían estado de campamento con el grupo de jóvenes esa semana, y cuando el papá los fue a buscar a la iglesia se veían contentos y bronceados, pero también hambrientos y cansados.

Supuso que sería mejor conversar después de la cena, antes de que fueran a dormir.

—Estuvo muy bueno —exclamó Fran—. Y me gustó el orador de este año. También en nuestro grupo tuvimos charlas muy buenas. Nadar en la laguna y recorrer las enormes tuberías del canal fueron cosas muy divertidas.

—¿Qué fue lo que más te gustó? —le preguntó el papá a Brock.

—Me gustaron los niños de mi cabaña. Y teníamos un consejero muy bueno. Se llama Luke y es un cristiano de verdad.

—Siento curiosidad por saber por qué dices que es un cristiano "de verdad".

—Bueno —dijo Brock—. Es que nos hacía pasar un tiempo después del almuerzo en el bosque, con nuestras Biblias, leyendo lo que quisiéramos. Lo llamaba "tiempo de tranquilidad". Y cuando se apagaban las luces por la noche, nos guiaba en la oración del Padrenuestro.

—Todo eso son buenas cosas de un buen cristiano —admitió el papá—. Es de esperar que el consejero de un campamento cristiano las hiciera.

—Pero papá —dijo Brock—, es que no lo hicimos una o dos veces nada más. Era todos los días.

—Es que la fidelidad es muy importante —dijo el papá—. En realidad es lo que nos hace cristianos de verdad, a los ojos de quienes no conocen a Jesús como su Salvador.

Recuerda

El fruto del Espíritu es [...] fidelidad.
Gálatas 5:22

SIGUE AL SEÑOR DÍA A DÍA.

¡Tú puedes hacerlo!

Toma el hábito de hacer las cosas a la manera de Dios. Los mejores hábitos se convertirán en tus mejores características.

¡Sigue levantando!

Porque lo que valga la pena tener requiere de un precio y el precio siempre es trabajo, paciencia, amor y sacrificio.

Dale le encantaba visitar a sus abuelos cada verano. En la granja encontraba vegetales maduros para cosechar, y había un estanque donde podía pescar. Le gustaba alimentar a los pollos y los patos, comer sandía fresca y las comidas de la abuela. También le gustaba ir con su abuelo en la camioneta por los campos ayudando a arreglar cercas y a alimentar al ganado. La parte de alimentar a los animales era un poco más difícil de lo que recordaba. Quizá fuera porque por primera vez este año el abuelo le permitía usar la pesada horqueta para echar heno en la camioneta y luego para ir descargándola junto a los animales en el campo.

—¡Me duele todo! —le dijo a su abuela—. No sé cómo el abuelo puede cargar esas parvas de heno todas las noches, sin que le duela nada. ¡Es muy fuerte!

—El abuelo lleva años haciéndolo —dijo la abuela—. Desarrollarás tus músculos también.

Entonces la abuela le contó una historia:

—Había un joven que cada día iba al campo para levantar a un ternero recién nacido. Todos los días lo alzaba y lo sostenía en brazos. Y cada día el ternero pesaba apenas un poco más, pero el joven no notaba el cambio. Al seguir levantando al ternero cada día, pudo desarrollar músculos que le permitieron seguir alzándolo hasta que el ternero tenía ya la mitad de su peso definitivo.

—¡Creo que prefiero el heno! —dijo Dale.

—También me parece una buena idea —rió la abuela—, el punto es que echar parvas de heno se parece a muchas otras cosas en la vida. Si cada día haces un poquito más que el día anterior, serás más fuerte y cada vez lo harás mejor.

Nunca dejen de ser diligentes; antes bien, sirvan al
Señor con el fervor que da el Espíritu.
Romanos 12:11

¡SIGUE ESFORZÁNDOTE!

Pídele a Dios que te ayude a completar cada tarea que inicies. Pídele que te ayude a trabajar bien, hasta la meta.

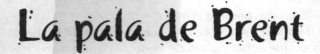

La pala de Brent

El secreto placer de un acto de generosidad es el gran soborno de las grandes mentes.

Brent ardía en deseos de salir.

—Espera hasta más tarde —insistía su madre. Desde la ventana veían a su papá quitando la nieve de la entrada con la pala.

—No parece que papá sienta frío —dijo Brent—. Si busco la pala pequeña ¿puedo ayudarlo?

—Bueno, ve —dijo mamá.

—Ya casi termino —dijo su papá—, pero tú puedes limpiar estos dos últimos metros.

Brent sentía calor cuando terminó la última parte, y no tenía ganas de entrar en la casa. Como el camino de los Smith estaba cubierto de nieve, Brent comenzó a limpiarlo. *No tienen un hijo para que les limpie la entrada*, pensó.

A mitad de su trabajo Brent comenzó a sentir cansancio pero no quería dejar la tarea incompleta. Además, ¡quizá estuvieran tan agradecidos como para pagarle por esto! Entonces ya no tendría que esperar para poder comprarse ese videojuego para el que estaba ahorrando.

—Eso fue bueno de tu parte —dijo la mamá—. Sé que los Smith lo apreciarán.

Brent se preguntaba cuánto lo apreciarían.

La nieve estaba derritiéndose cuando Brent escogió un momento de silencio y dijo:

—Papá ¿por qué no dijeron gracias los Smith por lo que hice? ¡Si no hubiera sido por mí, tendrían que haberle pagado a alguien más!

—¿Es por eso que lo hiciste? —quiso saber su papá.

—Bueno, no al principio, pero... —contestó Brent con voz débil.

—Hijo, cuando haces algo por alguien sin esperar nada a cambio, ni siquiera un "gracias", tienes la más grande recompensa.

Justo entonces sonó el teléfono y en la contestadota se oyó: «Soy Sandy Smith. Jim y yo acabamos de darnos cuenta que ninguno de los dos habíamos limpiado la entrada. Sospechamos que uno de ustedes lo habrá hecho y ¡quisiéramos agradecerle y decirle que está contratado!».

Brent y su papá sonrieron y se abrazaron.

—¡Ay, papá! Creo que lo haré gratis.

Recuerda

Que el Señor los bendiga por haberle sido fieles.
2 Samuel 2:5

PLANTA UNA SEMILLA DE GENEROSIDAD.

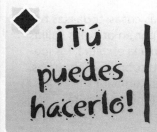

¡Tú puedes hacerlo!

Sorprende a alguien con un acto de bondad cada día. Es una forma de expresar el amor de Dios.

Héroes de guerra

Abraza a tus abuelos y diles: «Quiero darles las gracias por lo que han hecho para que sea posible que yo exista. Gracias por mi vida».

—¡Derek me pegó!

—Norris me golpeó.

—Derek tomó mi videojuego.

—Norris no me deja usar la computadora.

La reunión se había cancelado a causa del mal tiempo y los mellizos estaban desilusionados. ¿Quién quería quedarse encerrado un sábado?

—Derek y Norris, basta de peleas —el papá también estaba desilusionado, pero más le cansaban las discusiones—. Necesito que me ayuden a limpiar el sótano.

Oh, no. Derek y Norris se miraron. Habían ido demasiado lejos. Fueron hacia el sótano. Había cajas por todas partes. Sería una larga tarde.

Su tarea consistía en apilar y agrupar las cosas: todas las herramientas en un lugar; las cosas de acampar en otro, las valijas en la esquina, los equipos de deporte junto a la escalera, los juegos, rompecabezas y decorados de Navidad sobre los anaqueles.

Al buscar entre las cajas, Derek encontró un baúl.

—¿Qué hay aquí? —preguntó. El baúl tenía cerradura.

El papá miró.

—Oh... es el baúl con las cosas del ejército del abuelo. Me preguntaba dónde estaría.

Con un cortaplumas logró abrir la cerradura.

—¿Qué es todo esto? —preguntó Norris.

Un uniforme de soldado, una frazada, un casco, cartas y mapas viejos, medallas, un paquete de raciones y otros recuerdos de la Segunda Guerra Mundial, revelando secretos de la guerra y el pasado del abuelo de los niños.

Ambos miraron con detenimiento cada cosa. Mientras tanto papá recordaba las aventuras que le había contado su padre sobre el tiempo en que había sido prisionero de guerra.

Entonces la mamá llamó desde arriba:

—¿Qué quieren para cenar?

—Llamemos al abuelo y vayamos a su restaurante preferido —sugirieron los niños.

Todos estuvieron de acuerdo.

Recuerda

Anímense unos a otros cada día.
Hebreos 3:13

REFLEJA HOY EL BRILLO DEL SOL.

¡Tú puedes hacerlo!

Pasa hoy un momento con alguien que disfrute de tu compañía. Pídele a esa persona que te cuente qué es lo que más le gusta.

◆El mejor de los rivales

**Si defiendes lo bueno, entonces lo harás
sin pensar siquiera.**

Los alumnos del sexto grado en la clase del señor Brainerd,
sentían mucho entusiasmo por la excursión al nuevo
Acuario Porter.

—Niños, formen una fila frente a la puerta y subiremos al autobús —dijo el señor Brainerd, repitiendo las instrucciones para
ese día. Quedarse en la fila. Quedarse con el grupo. Nada de peleas ni empujones. Prestar atención al guía. Los niños sabían que
la mala conducta implicaba perder privilegios, como jugar en el
campeonato de fútbol. La Escuela Primaria Field tenía posibilidades de ganar la liga por primera vez.

Tom y Brandon permanecieron en la fila juntos. Aunque esto
no quería decir que se llevaran bien. Solo era porque sus apelli-
dos comenzaban con W. En realidad, los dos eran feroces rivales
en fútbol y Tom estaba celoso del talento de Brandon para hacer
pases, aunque jamás permitiría que éste lo supiera. Brandon por
su parte admiraba lo rápido que corría Tom, pero jamás se lo diría
tampoco.

Dentro del acuario los alumnos formaron filas para ver las
peceras. Jeremy no miraba por dónde iba. Tropezó con un banco,
empujando a Brandon y haciéndole caer sobre un bote de basura. El señor Brainerd vio a Brandon y preguntó:

—¿Qué pasó?

Nadie contestó. Jeremy era un bribón, y no era buen compañero. ¡Porque si decías algo que le causara problemas, los problemas serían tuyos!

Jeremy dijo:

—Brandon me empujó.

Tom sabía que eso no era cierto. Lo había visto todo. ¿Qué debía hacer? ¿Guardar silencio? ¿Respaldar al acusador? ¿O defender a su rival? Si Brandon se metía en problemas, no podría jugar al fútbol. Tom dijo:

—Brandon no lo hizo. Jeremy no estaba mirando por dónde iba.

Todos los demás niños estuvieron de acuerdo con él.

—Jeremy, ¿es cierto eso? —preguntó el señor Brainerd.

—Sí, señor —contestó Jeremy porque había testigos oculares.

—Bueno, Tom, gracias —dijo Brandon—. Formamos un gran equipo.

Recuerda

En el agua se refleja el rostro, y en el corazón se refleja la persona. Proverbios 27:19

LA PRÁCTICA HACE A LA PERFECCIÓN.

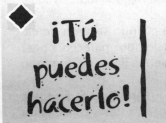

¡Tú puedes hacerlo!

Practica hacer lo bueno y entonces cuando estés en una situación difícil, lo bueno será tu conducta natural.

Camina con suavidad

Nada como la humildad para ponernos fuera del alcance del diablo.

—Gordon es un flojo —dijo Jill

—¿Por qué dices eso? —le preguntó su papá—. ¿Porque no juega al fútbol, ni dice malas palabras o no fanfarronea por ahí como si fuera el mejor del mundo?

—No —dijo Jill—. Es un flojo porque se calla y no se defiende cuando otros se burlan de él. Tiene que defenderse por sí mismo.

—¿Por qué se burlan? —quiso saber el papá.

—Oh, por muchas cosas. Se ríen porque se va si cuentan chistes sucios. Se ríen si deja que alguien se cuele en la fila delante de él y no le dice que vaya para el final. Por cosas como esas.

Quizá deba hablar con él, pensó el papá. *Está en el grupo de exploradores que yo lidero. Nunca observé que retrocediera a alguna de las cosas que hacemos en nuestras caminatas o en los campamentos nocturnos. Parece tener mucho coraje y siempre ayuda a los exploradores nuevos en la tropa.*

—Gordon —le dijo el señor White cuando salieron de caminata a los pocos días—, los niños siempre parecen poner apodos a los demás. ¿Qué haces si alguien te llama de un modo que te ofende?

—No hago nada —dijo Gordon—. ¿Para qué? Si yo fuera desagradable con los que me dicen cosas, estaría cancelando mis acciones bondadosas hacia otros. Uno no puede ser bueno y malo al mismo tiempo.

Luego agregó:

—Mi papá me contó una vez de un presidente de los Estados Unidos que dijo que hay que caminar con suavidad llevando un palo grande. Papá dijo que le gustaba ese dicho: "Caminar con suavidad y creer en un Dios grande". A mí también me gusta.

Gordon no es flojo, pensó el señor White. *Él es humilde. ¡Y qué gran cosa es eso! Necesito enseñarle a Jill cuál es la diferencia.*

El fruto del espíritu es [...] humildad.
Gálatas 5:22-23

LA HUMILDAD PUEDE HABLAR POR TI.

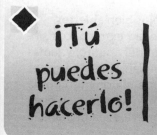

Muchas personas dicen que tenemos que pelear nuestras propias batallas, pero la Palabra de Dios dice que el Señor peleará por nosotros. Confía en Dios hoy para que pelee tus batallas.

Una enfermedad que mata

Que un hombre diga: «No voy a la iglesia. Yo oro a solas», no es más sabio que decir: «No me gustan las sinfonías. Solo creo en los músicos solistas».

Tucker descubrió algo que pensaba sería una excelente forma de evitar la iglesia los domingos. Le diría a su mamá que se sentía mal. No era que a Tucker no le gustara la iglesia o la escuela dominical, sino que le resultaba muy difícil despertarse temprano los domingos. Quería que los domingos fueran más como los sábados.

La mamá de Tucker al fin le dijo:

—Te llevaré al doctor para que vea por qué te sientes mal siempre los domingos.

Esa decisión le molestaba a Tucker. No sabía si podría engañar también al doctor.

—¡Oh, no! —dijo el doctor Williams—, sufres de morbus sabbaticus.

—¿Qué tengo? —dijo Tucker con los ojos bien abiertos.

—Morbus sabbaticus. Es una enfermedad extraña. Los síntomas varían pero nunca incluyen pérdida del apetito, y jamás dura más de veinticuatro horas. La enfermedad, sin embargo, es muy contagiosa. El ataque viene de repente el domingo por la mañana. El paciente despierta como siempre, sintiéndose bien, y desayuna con ganas. Pero cerca de las nueve de la mañana le sobreviene el ataque, que dura casi hasta mediodía. Por la tarde el paciente mejora mucho y puede salir de paseo, visitar amigos, ver TV o jugar al aire libre. Por lo general, cena bien y puede ir a la escuela el lunes.

—No parece una enfermedad grave —dijo Tucker.

—Sí lo es —dijo el doctor Williams poniéndose serio—. De hecho, causar la muerte.

—¿Muerte? —preguntó Tucker.

—Sí —dijo el doctor Williams—. La muerte del alma.

Tucker se dio cuenta de que el doctor Williams conocía su secreto.

—Ya entiendo —dijo entonces—. Lo único que puede curarme es ir a la iglesia los domingos.

—Adivinaste bien —dijo el médico con una sonrisa—. Te veo el domingo que viene en la iglesia —agregó al saludarlo cuando se iba.

—Seguro —respondió Tucker al salir.

◆ Recuerda ◆

No dejemos de congregarnos, como acostumbran
hacerlo algunos, sino animémonos unos a otros.
Hebreos 10:25

IR A LA IGLESIA NOS HACE FORMAR PARTE DE LA COMUNIDAD.

◆ **¡Tú puedes hacerlo!**

Ve a la iglesia para dar tanto como para recibir. Hay alguien allí que necesita de tu sonrisa, tu amistad, tus oraciones y tu apoyo.

El marcador

**Ya no desperdicies tiempo discutiendo cómo ha de ser
un hombre bueno. Sé un hombre bueno.**

Los Thompson viajaban a casa de unos parientes para la reunión familiar del Día de Acción de Gracias, cuando se detuvieron a tomar aire y a beber agua fresca de la nevera que llevaban en el baúl. Además, el papá quería «estirar las piernas». La siguiente parada fue en un pequeño y antiguo cementerio.

—Mira las lápidas —dijo Rosemarie—, son grandes y tienen dibujos y relieves esculpidos en la piedra.

—Y mira esa —dijo Norm—. Tiene un ángel enorme encima.

—Parece que es el área donde están sepultados los niños —dijo la mamá.

—¿Cómo lo sabes? —preguntó Norm.

—Porque las sepulturas están muy próximas —contestó la mamá.

—¿Podemos ir a mirar? —preguntó Rosemarie.

—Seguro. Yo iré con ustedes mientras papá ordena algunas cosas en el maletero.

Los niños descubrieron que la lápida con el ángel era, por cierto, la de la tumba de una niña que había fallecido a los seis años. Norm leyó en voz alta el nombre de la niña y las fechas de nacimiento y muerte sobre la base de mármol blanco. Luego Rosemarie leyó la frase esculpida en la piedra:

—"Una niña de quien dijeron sus compañeros: Nos era más fácil ser buenos cuando ella estaba con nosotros".

No había más que decir. Rosemarie y su mamá caminaron hacia el auto tomadas de la mano. Hasta Norm permaneció callado.

—Habrá sido pequeña, pero su vida sí fue importante para otros. Tuvo buena influencia en los demás —dijo la mamá.

—La tuvo en mí, mamá —dijo Rosemarie.

—También en mí —agregó Norm.

Recuerda

El fruto del Espíritu es [...] bondad.
Gálatas 5:22

CONOCE A DIOS ... SÉ BUENO.

¡Tú puedes hacerlo!

Si quieres que otros se sientan bien contigo, que piensen bien de ti, que digan cosas buenas sobre ti y que sean buenos contigo, ¡sé bueno!

Cumplir con tu parte

**El que mueve una montaña comienza
llevando piedras pequeñas.**

La familia Miller —mamá, papá, Cass, Joel y Chrissy— disfrutaba de un paseo en bicicleta. Era un bellísimo día de mayo y el sendero que les llevaba junto al lago les permitía ver el agua.

Cuando pasaron una curva, Joel vio unas bolsas de plástico y vasos desechables junto a la orilla. Y un poco más allá vio servilletas de papel, botellas vacías y otras cosas que no debían estar allí.

Al terminar el paseo, Joel dijo:

—Papá, ¿quién tiró todo eso al suelo? Se ve muy feo.

—No todos son tan responsables como tú, hijo —respondió su padre.

—Deberíamos hacer algo, pero no sé bien qué cosa —dijo Joel.

—¿Por qué no volvemos mañana con bolsas de basura y recogemos todo eso? —sugirió Chrissy.

—Me parece bien —dijo Joel—. Con tanta basura, seguro nos llevará un buen rato.

Joel pensó en el problema mientras regresaban a casa y se le ocurrió un plan que podría dar resultado. Apenas llegó comenzó a llamar a sus amigos para pedirles que le ayudasen al día siguiente. Y hasta convenció a algunos de los padres también.

Joel y su equipo llegaron bien temprano por la mañana. En pocas horas, el sendero para ciclistas y la playa del lago estaban bellamente limpios. Después de que todos volvieron a casa para ducharse y cambiarse la ropa, algunos padres invitaron al grupo a tomar un helado.

—Fue divertido —dijo Joel mordiendo con ganas el cono de helado.

—Todo lo que hagamos por hacer de este mundo un lugar mejor, nos da satisfacción y una linda sensación —contestó su papá.

Recuerda

Así que en todo traten ustedes a los demás tal y como quieren que ellos los traten a ustedes.
Mateo 7:12

SI NO LO HACES TÚ, ¿QUIÉN LO HARÁ?

¡Tú puedes hacerlo!

En lugar de quedarte sentado esperando que alguien más arregle algo, ¿por qué no piensas en alguna forma de mejorarlo? Es una buena manera de ayudar a tu vecindario.

Explosiones

No importa lo justas que puedan ser tus palabras, lo arruinarás todo si hablas con enojo.

—Les canté las cuarenta —dijo Landon echándose en la silla a la hora de cenar.

—Ya veo —dijo el papá—. Primero demos gracias a Dios por la comida y luego nos dirás a quién le cantaste las cuarenta.

Durante la cena Landon les contó a sus padres y hermana que había escuchado durante dos días un debate en la clase sobre si Dios era real, y si había creado el mundo como dice la Biblia.

—Todo el tiempo intenté que me dejaran hablar, pero no pude lograrlo —dijo Landon—. Así que justo antes de que sonara el timbre me levanté y les dije a todos que si no creían en Dios y la Biblia, irían todos al infierno.

—Hmmm.

La mamá y el papá de Landon se miraron en silencio.

—Fuiste un tanto duro —dijo su hermana mayor.

Landon sentía confusión ante estas reacciones.

—¿Y crees que hiciste cambiar de idea a alguien con lo que dijiste? —preguntó por fin su padre.

—Quizá no. Pero me siento mucho mejor —respondió Landon.

—¿De veras? —quiso saber su mamá—. Quizá te sientas mejor durante un par de horas porque te desahogaste, pero cuando vayas a la escuela el lunes ¿te sentirás mejor?

Landon no había pensado en eso. Esa noche le costó dormir. *¿Qué voy a decir o hacer el lunes?*, pensaba todo el tiempo. El sábado por la mañana les pidió consejo a sus padres.

—Creo que necesitas decirles a los de la clase que lamentas haberte enojado tanto y que esperas que en algún momento te permitan decir tus ideas y opiniones.

—Pero ¿qué digo para convencerlos? —preguntó Landon.

—Esa es la verdadera tarea de toda tu vida —dijo el papá con una sonrisa—. A menudo nuestras acciones hablan más que nuestras palabras. Los demás ven más de lo que oyen.

Recuerda

El necio da rienda suelta a su ira, pero el sabio sabe dominarla. Proverbios 29:11

EL MODO EN QUE HABLAS ES TAN IMPORTANTE COMO LO QUE TIENES PARA DECIR.

¡Tú puedes hacerlo!

Una de las cosas más importantes que puedes aprender es cómo decir la verdad sin enojarte. ¡Pídele a Dios que te ayude a aprender esta lección!

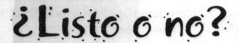

¿Listo o no?

La mejor forma de mostrarle a Dios mi gratitud es aceptarlo todo, aun mis problemas, con gozo.

Era el juego de la ronda final. Iban empatando. Jugarían a ganar en la tercera base. El jugador de los Tigres iba a batear ahora y ya había tenido éxito tres veces durante este juego.

El entrenador Porter necesitaba un bateador bueno. Miró a los niños. Había solo dos que no habían bateado todavía: Ramón y Buck.

—¡Buck! ¡Entras ya! —dijo el entrenador.

Ramón bajó la cabeza. No era un gran jugador, ni tampoco buen bateador, así que pasaba la mayor parte del tiempo en el banco, como ahora.

Buck hizo un sencillo y los Tigres ganaron cinco a cuatro.

El padre de Ramón se acercó a felicitarlo.

—No pude hacer más que mirar cómo jugaban los demás —dijo Ramón con tristeza.

—Trabajas igual de duro que los demás —le dijo su padre—. Lo más importante es esforzarte en las prácticas, divertirte y asegurarte de estar listo para cuando el entrenador te convoque. Es parecido a estar listo para cuando Jesús vuelva. Él espera encontrarnos haciendo lo mejor que podamos, aun cuando solo se trate de apoyar a otras personas.

—Supongo que es así —admitió Ramón—. De todos modos es divertido estar con mis amigos. Y el entrenador siempre nos lleva a comer pizza cuando ganamos.

—Y tú eres la estrella del equipo cuando se trata de ver quién gana comiendo más pizza —rió su papá—. Vamos, alcancemos a los demás antes de que se alejen demasiado.

Porque el que a sí mismo se enaltece será humillado, y el que se humilla será enaltecido.
Mateo 23:12

ACEPTA TU PAPEL EN EL EQUIPO.

A veces es difícil estar en el banco, pero puedes dar un buen ejemplo esforzándote y siendo en verdad uno más en el equipo.

Ruedas

**Criticar y condenar a los demás no es uno
de los frutos del Espíritu.**

Gerry nunca había visto al niño que estaba sentado en el pupitre junto a la puerta del aula. Los alumnos entraban uno a uno, pero ninguno le dirigía la palabra. Gerry estaba por saludarlo cuando Jack, su mejor amigo, lo tomó del cuello de la camisa.

—Oye, no olvides que vamos a andar en patineta en ese nuevo parque esta tarde. Mi mamá nos vendrá a buscar a la salida de la escuela.

—¡Sí! —dijo Gerry. En ese momento comenzó la clase.

Cuando sonó el timbre el niño nuevo no se movió, lo cual no fue muy cómodo porque nadie podía pasar.

—Oye, es hora de irnos —dijo Gerry al pasar junto a él. Pero el niño nuevo no se movió.

Justo antes del almuerzo Jack y Gerry estaban haciendo más planes para la tarde cuando observaron que el señor Jenkins, consejero de la escuela, empujaba algo por el pasillo. Al acercarse Gerry vio que el niño nuevo estaba en silla de ruedas. De repente entendió por qué no se había corrido del lugar.

—¡Hola, señor Jenkins! ¿Puedo conocer al niño nuevo? —preguntó.

—Gerry, este es Kirk.

Kirk levantó la mirada.

—Qué buenas ruedas, Kirk. Mucho más grandes que las mías —dijo Gerry mostrando su patineta a Kirk. Ambos rieron.

—Señor Jenkins, yo puedo llevar a Kirk al comedor.

—¡Oye! Puedo conducir solo —dijo Kirk con una gran sonrisa mientras se alejaba rápidamente con su silla de ruedas hacia el comedor.

—¡No es justo! No nos permiten andar en patineta por los pasillos... —dijo Gerry riendo mientras él y Jack corrían tras Kirk.

Ayuden a los débiles y sean pacientes con todos.
1 Tesalonicenses 5:14

NO JUZGUES, A MENOS QUE CONOZCAS LA HISTORIA ENTERA.

Pídele a Dios que te de un espíritu paciente cuando veas a alguien que hace algo que te parece irrespetuoso. Descubre por qué está haciendo lo que te molesta.

Espera la luz verde

La sabiduría consiste en saber qué hacer después. La virtud consiste en hacerlo.

Eran las cinco de la mañana. Todavía no amanecía pero la familia Taylor estaba en camino hacia la casa del abuelo para pasar el Día de Acción de Gracias.

Ronny, su hermano Zachary y su hermana Eve, estaban todavía casi dormidos en el asiento trasero del auto.

—¿Por qué tenemos que salir tan temprano? —murmuró Ronny.

—Porque son ocho horas de viaje hasta la casa del abuelo —dijo su mamá—. Y tenemos que llegar para la hora del almuerzo.

—Y no olvides que llevamos la comida —dijo su papá—. El abuelo ya no puede estar haciendo cosas y como la abuela murió el año pasado necesita que alguien más cocine para todos en un día como este.

Las calles estaban desiertas a esa hora. A los niños les parecía raro estar en una calle que siempre estaba muy transitada, sin tener que esperar a que otros autos avanzaran para poder seguir su camino.

El papá llegó a una intersección y se detuvo ante la luz roja.

—¿Para qué nos detenemos? —preguntó Zachary—. No hay autos ni policías. ¿Por qué no podemos seguir y ya?

—Porque estaríamos violando la ley —dijo el papá—. La ley no es solo para cuando otros te están viendo.

—La ley también nos protege —dijo la mamá—. Si pasáramos con la luz roja y de repente viniera otro auto, podría haber un accidente y nos lastimaríamos.

—Siempre tenemos que hacer lo correcto, y no lo que sea conveniente —dijo el papá—. Así, siempre sabremos qué hacer.

—De todos modos, ¿quién quiere tomar decisiones difíciles a las cinco de la mañana? —dijo Ronny, bostezando.

—Yo acabo de tomar una decisión fácil —dijo Zachary recostándose en su asiento—. Voy a dormir un rato más.

◆ Recuerda ◆

El que los practique (a estos mandamientos) y enseñe
será considerado grande en el reino de los cielos.
Mateo 5:19

SIGUE LA LEY.

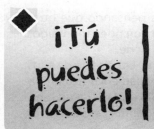

¡Tú puedes hacerlo!

Dios quiere que hagamos lo que está bien, y eso incluye cumplir la ley. Su ley, y las leyes de nuestro país.

El regalo

Ser maduro es algo que decides en tu interior.

Taylor detestaba ser el menor de la familia. Sentía que nunca podía hacer las cosas tan bien como sus hermanos mayores, Tripp y Tracey. No es que hubiera tantos años de diferencia entre ellos, pero siempre se sentía como «el chiquito». *Ese será mi lugar en la vida, por siempre*, pensaba.

Faltaba poco para la Navidad y Tripp y Tracey le daban pistas sobre lo que le regalarían a Taylor. Si hubiera adivinado, sería asombroso: iban a dejarlo ir a esquiar con ellos y sus amigos cuando fueran a la casa de los abuelos en Colorado. ¡Casi no podía creerlo! Había ido a esquiar con toda la familia, pero nunca con Tripp, Tracey y sus amigos.

Taylor esperaba con ansias. Hizo un inventario de su equipo de esquí. Tenía todo en buenas condiciones.

La semana antes de Navidad Tripp y Tracey dijeron que tenían que hablar con él.

—Taylor —comenzaron—, estuvimos pensando que quizá seas demasiado pequeño como para venir con nuestros amigos. Quizá será mejor esperar hasta el año que viene.

Taylor estaba deshecho, pero no insistió. Era el viaje de ellos, con los amigos de ellos. La mañana de Navidad encontró un paquete para él, de parte de Tracey y Tripp. Sin duda sería un regalo de consuelo. Igualmente, lo abrió con grandes expectativas.

Dentro, había un sobre con su nombre. Sacó la tarjeta. Era una invitación de Tripp y Tracey ¡para ir con ellos a esquiar!

—¡Vaya! —dijo Taylor—. ¡Gracias! ¡Cambiaron de idea!

—Bueno, es que decidimos ponerte a prueba para ver si eras lo bastante maduro como para venir. ¡Y pasaste!

Recuerda

El niño [Jesús] crecía y se fortalecía; progresaba en sabiduría, y la gracia de Dios lo acompañaba.
Lucas 2:40

MADURA POR DENTRO.

¡Tú puedes hacerlo!

A veces no decir nada es la decisión más sabia.

Alimentando a Romper

Todas las criaturas, grandes y pequeñas, el Señor Dios las creó.

—¿Alimentaste a Romper? —preguntó la mamá. Romper era un collie miniatura que la familia había adoptado del refugio para animales dos semanas antes. Romper, meneando su cola con alegría, se había ganado el corazón de todos. Era un cachorrito adorable.

—Lo haré después. Estoy viendo un programa ahora —dijo sin apartar la vista de la televisión.

—Por favor, dale de comer ahora —dijo la mamá—. Ya es casi hora de ir a dormir.

—Unos minutos más —dijo Johnny.

—No —respondió la mamá—. Acordamos que se le daría de comer a Romper antes de la cena. Los animales tienen que poder confiar en que los alimentaremos a determinadas horas.

—Está bien —dijo Johnny. Romper era casi como una molestia ya. Mamá esperaba que todos los días lo cepillara y mantuviera su plato lleno de agua.

—¿Por qué tengo que hacer todo yo? —suspiró Johnny al pasar junto a su mamá con un plato lleno de comida para Romper.

Cuando volvió su mamá le dijo:

—Johnny. Hablemos un momento. Tú fuiste el que rogó tener un cachorro. Fuiste tú quien eligió a Romper en el refugio. Fuiste tú quien dijo: "Yo lo cuidaré", después de que te dijimos lo que eso implicaría. Cuando Dios nos da un animal para que lo cuidemos, espera que lo cuidemos y no que lo ignoremos.

—Lo sé —dijo Johnny—. Es que da mucho trabajo.

—Todo lo que amamos da trabajo —dijo la mamá—, y esto incluye cada relación, con cada una de las personas a las que amamos.

La mamá se levantó y abrazó a Johnny, diciendo:

—La forma en que cuides de Romper hoy te preparará para cuidar de otras personas algún día. ¡Quizá de un niñito!

Recuerda

El que es honrado en lo poco, también lo será
en lo mucho.
Lucas 16:10

PRACTICA AHORA PARA EL FUTURO.

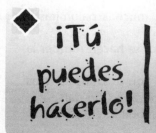

¡Tú puedes hacerlo!

Cuando cuidas a una mascota o realizas una tarea con regularidad sin que te digan que lo hagas, estás mostrando dominio propio y disciplina. Esa es una de las cosas más importantes que puedes hacer para formar tu carácter.

¡La vida es como un rompecabezas!

Piensa en objetivos pequeños y espera logros pequeños. Piensa en objetivos grandes y obtendrás grandes éxitos.

—Oye, aquí hay una pieza. Creo que cabe justo aquí. Bueno, casi —dijo Alex.

—Busca las que tienen borde recto para que podamos formar primero todo el perímetro. Así será más fácil llenar el resto —dijo su papá.

—Ahora, busquemos las que tienen colores similares. Porque seguro que van todas en el mismo sector del rompecabezas —añadió su mamá.

Era una noche fría y nevaba mientras la familia Marsden armaba un rompecabezas de dos mil piezas. ¡La caja tenía la fotografía de una pizza! Todas las piezas se veían iguales, pero había siempre una sola que cupiera exactamente en cada lugar. Esto significaba que las otras 1.999 no cabían allí.

—Estoy contento de que tengamos muchas palomitas y chocolate caliente —comentó Kiersten.

—¿Por qué es que los rompecabezas... te hacen romper la cabeza pensando? —preguntó Alex.

—De eso se trata —dijo la mamá—. Son desafíos. Lo más importante para completar un rompecabezas es no darse por vencido. Tenemos que seguir avanzando, seguir intentando.

El papá agregó:

—Todos los días nos enfrentamos a situaciones que nos parecen confusas. Son cosas que no entendemos. Problemas. Quizá las matemáticas sean nuestro mayor problema.

—O la gramática —dijo Kiersten entonces—. O las ciencias. ¡Qué terrible!

—¿Y qué hace falta para resolver un problema? —preguntó la mamá—. ¡No darse por vencido! Seguir intentándolo. Si tenemos una duda, preguntamos. ¡Seguimos buscando y encontraremos!

En ese momento Alex encontró una pieza que encajaba perfecto, ¡y la familia entera aplaudió!

◆ Recuerda ◆

Pero ustedes, ¡manténganse firmes y no bajen la guardia, porque sus obras serán recompensadas!
2 Crónicas 15:7

¡SIGUE AVANZANDO!

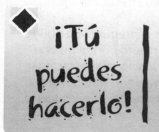

¡Tú puedes hacerlo!

¿Qué tareas difíciles sientes que querrías abandonar? ¿En realidad quieres alcanzar el objetivo? Si es así, entonces no abandones y encontrarás una nueva forma de resolver el problema que hoy te desalienta.

No temas

**El único poder que puede resistir el poder del
temor es el poder del amor.**

Devon temblaba cuando avanzó hacia el frente de la clase
para dar su discurso. Si había algo que le daba miedo era
pararse y hablar en público.

No era que no se hubiese preparado. Había practicado en
casa delante del espejo durante mucho tiempo. Pero ahora su
mente estaba en blanco ¡No podía recordar una sola palabra!

—Hm... eh... hola a todos —comenzó esperando que las palabras de su discurso le volvieran a la mente—. Hoy voy... a... eh...
digo que... pienso que la razón por la que la gente tendría que
tomar tren y autobús en lugar de ir en auto es...

Se detuvo y esperó a que su mente recordara el discurso. Le
sudaban las manos y le temblaban las rodillas. Podía ver que alguien en la última fila susurraba algo a su compañero. *Esto es un
desastre. Es mi fin. Voy a sacar una mala nota en esta clase, y...*

Desde la tercera fila oyó...

—¿Y qué hay de malo con los autos? —preguntó su amigo
Patrick—. ¿Por qué no puede la gente ir en auto donde quiera?

—Bueno, es que no hay suficiente espacio para estacionar,
en especial en el centro —dijo Devon, sintiendo que le volvían
las fuerzas—. Y en un autobús entra más gente. Puedes leer o

trabajar en tus cosas si viajas en tren, y si menos gente usara los autos habría menos contaminación.

Ahora sí Devon sentía que todo iría bien. A medida que pronunciaba su discurso observó que ya no temblaba. Eso le hizo sonreír. Antes de que se diera cuenta había terminado y todos estaban aplaudiendo.

De regreso en su asiento, se volvió hacia Patrick.

—Gracias —dijo—, me salvaste la vida.

—No fue nada —dijo Patrick—. Tú hiciste todo. Yo solo te di un empujoncito.

♦ Recuerda ♦

Así que no temas, porque yo estoy contigo; no te angusties, porque yo soy tu Dios.
Isaías 41:10

¡MIRA AL MIEDO A LOS OJOS!

¡Tú puedes hacerlo!

Es difícil hacer algo que temes. Pero no tienes que preocuparte porque Dios está allí contigo y te ayudará a pasarlo.

Modales celestiales

El que siembra cortesía cosecha amistad.

—¿Por qué siempre tengo que decir "por favor" y "gracias"? —se quejaba Lesley—. Y en especial, ¿por qué tengo que decirle esto a Bryce? ¡Es de la familia!

—Es parte de la buena educación —les dijo la mamá a sus dos hijos, que parecían estar con muchas ganas de discutir esa mañana en particular.

—Pero ¿por qué tenemos que ser educados? —preguntó Bryce—. Casi nadie lo es. Nadie es demasiado educado en el centro de compras, o en los estadios deportivos.

La mamá decidió que era hora de una charla seria. Se sentó con ambos a la mesa del desayuno y dijo:

—Ante todo, los buenos modales ayudan a la gente que no se conoce a formar amistad. Cuando eres amable con alguien y dices palabras como "por favor" y "gracias", estás mostrándoles respeto y en la mayoría de los casos, también ellos lo harán contigo. Esa es la mejor forma de hacer amistades, respetándose unos a otros.

Y continuó:

—Además, los buenos modales aquí en la tierra son la práctica de lo que haremos en el cielo.

—¡Qué! ¿Hay que tener buenos modales en el cielo? —quiso saber Bryce.

—Seguro.

—¿Para qué? —preguntó Lesley.

—Bueno, ¡para saludar de manera amable a todas las almas junto a las que pasemos cuando caminemos en las calles de oro del cielo! —respondió la mamá.

Si es posible, y en cuanto dependa de ustedes,
vivan en paz con todos.
Romanos 12:18

LOS BUENOS MODALES CREAN PAZ.

Cuatro de las mejores frases que puedes aprender a usar son «por favor», «gracias», «lo lamento» y «por favor, perdóname». ¡Úsalas a menudo!

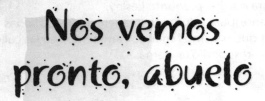

Nos vemos pronto, abuelo

La muerte no es más que el pasaje de una habitación a otra. Pero hay una diferencia para mí. Porque en esa otra habitación podré ver.

El abuelo estaba enfermo y a Jamie le dijeron que quizá no sobreviviera a la cirugía. Fue al hospital con mamá y papá a visitarlo.

—Hola abuelo, oramos por ti en la escuela dominical. ¿Cómo estás?

—Me sentiré mejor cuando esto haya pasado.

—Eso pedimos en la oración.

—Jaime, ¿no estás feliz de todos los buenos momentos que pasamos? ¿Recuerdas cuando encontramos esa tortuga enorme el día que fuimos a pescar? ¡Fue divertido! ¿Verdad?

Habían hecho tantas cosas juntos. El abuelo iba a ver todos sus partidos, pero se ponía todavía más contento con las buenas calificaciones del boletín de Jamie. Iban a la misma iglesia.

—No olvides lo que aprendiste en la escuela dominical y la iglesia, Jamie. Es muy importante. No sé qué habría hecho yo si no hubiera tenido al Señor cuando falleció tu abuelita. Eso lo hace todo diferente.

En ese momento la enfermera entró para tomarle la presión y auscultar al abuelo.

—Mejor nos vamos ya —dijo el papá.

—Te amo, abuelo.

—Y yo te amo también, Jamie.

—Adiós, nos vemos pronto.

Jamie fue a la escuela al día siguiente, y sus padres fueron al hospital para estar con el abuelo. Más tarde, a Jamie le avisaron que fuera a la oficina del director. Cuando llegó vio que estaba su papá allí.

—Tu abuelo falleció —oyó decir a su papá—. Vamos a buscar tus cosas e iremos a casa. Todos lo echaremos de menos. Pero un día volveremos a estar todos juntos. Eso forma parte de lo que significa confiar en el Señor.

Recuerda

Aun si voy por valles tenebrosos, no temo peligro alguno porque tú estás a mi lado; tu vara de pastor me reconforta.
Salmo 23:4

DIOS TE AYUDA CUANDO SUFRES.

¡Tú puedes hacerlo!

Consuela a quien haya perdido a un miembro de su familia o ser querido. Escribe una nota o llámalos para que sepan que te importa.

¡Las sorpresas son divertidas!

La felicidad es un perfume que no puedes ponerle a otro sin que te caigan unas gotitas encima.

Michael había ido al hogar de ancianos un par de veces con sus padres para visitar a un vecino, y no le gustaba el lugar. No había con quién jugar, ni nada divertido que hacer. Además, siempre lo hacía entristecer. Pero su clase de música iba a tocar allí un domingo por mes durante los próximos tres meses. Iban a cantar himnos para los ancianos que vivían allí.

Unos días antes de tener que ir al hogar con su clase, Michael se enteró de que su bisabuela iría a vivir allí. Se había quebrado la cadera y necesitaría que la cuidaran a tiempo completo.

La bisabuela se alegró mucho cuando vio llegar a Michael el domingo. Ambos se querían mucho y a Michael le encantaba oír las historias que ella contaba sobre su infancia en la granja.

Cuando terminaron de cantar, Michael presentó a su bisabuela a sus amigos. Pronto, todos reían cuando la oyeron contar el cuento de aquella vez que un toro la persiguió. También contó cómo había aprendido a ordeñar una vaca.

—¡Hora de irnos! —dijo el instructor de música. Los niños gimieron, desilusionados.

—¿Podemos venir la próxima semana? —preguntó uno de ellos—. ¡Quiero oír más historias!

Mientras subían a la camioneta, Michael le dijo a su maestro que había disfrutado de esta visita al hogar.

—Supongo que es porque estaba mi bisabuela —dijo.

—Quizá también haya otras personas allí que te agraden —dijo él.

—Creo que sí —dijo Michael—. Le pediré a mi bisabuela que me presente a algunas la próxima vez.

Recuerda

En fin, vivan en armonía los unos con los otros; compartan penas y alegrías, practiquen el amor fraternal, sean compasivos y humildes.
1 Pedro 3:8

MIRA A LOS DEMÁS A TRAVÉS DE LOS OJOS DEL AMOR.

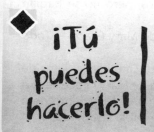

¡Tú puedes hacerlo!

A veces es difícil visitar a quienes están enfermos o sufriendo. Pero Dios quiere que nos cuidemos unos a otros: orando, hablando, cantando, riendo y contando historias. Es lo que haría Jesús, y lo que tenemos que hacer nosotros también.

El accidente de autos

**Cuando has cumplido con tu tarea del día,
ve a dormir en paz. Dios está despierto.**

Boyd y su amiga Mary Grace iban en el asiento trasero del auto de la madre de ésta, hablando de lo que había pasado en la escuela ese día.

—Fue muy divertido cuando a Bart se le volcó la pintura en la clase de arte, y la señora Johnson dijo que parecía una gran obra de arte —dijo Boyd recordando cómo se habían reído todos.

—Sí —dijo Mary Grace, con una risita—, ¡y fue más divertido cuando Bart estuvo de acuerdo! Él dijo...

La conversación se interrumpió de forma abrupta cuando el auto chocó contra otro que había pasado la luz roja en la intersección.

—Niños, ¿estás bien? —preguntó preocupada la mamá de Mary Grace, dándose vuelta para mirar al asiento de atrás.

Boyd y Mary Grace estaban asustados, pero no se habían lastimado.

—No se preocupen —dijo la mamá de Mary Grace—. Todo va a estar bien.

Llegó la policía, y los conductores intercambiaron datos de sus compañías de seguro. Luego la mamá de Mary Grace llevó a Boyd a su casa. Sus padres se preocuparon por el accidente, pero estaban agradecidos porque su hijo no se había lastimado.

—Llevaba puesto el cinturón —dijo Boyd—, ustedes me dijeron que debía usarlo siempre. Y fue raro, pero todo el tiempo me sentí tranquilo y en paz.

—¿Qué quieres decir? —preguntó su mamá.

—¿Recuerdas que me dijiste que Dios siempre nos está cuidando? —explicó Boyd—. Sentí que estaba allí en el auto. Era una sensación tan linda.

El papá de Boyd sonrió y abrazó a su hijo muy fuerte.

—Es un alivio saber que cuando mamá y papá no estamos contigo Dios se ocupa de cuidarte.

—Claro que sí —dijo Boyd—. Es el más grande y el mejor.

Recuerda

Jamás duerme ni se adormece.
Salmo 121:4

RELÁJATE. DIOS TIENE LOS OJOS BIEN ABIERTOS.

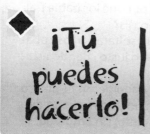

¡Tú puedes hacerlo!

No importa lo cuidadosos que seamos, pueden suceder accidentes. Es muy bueno saber que Dios siempre está con nosotros y que siempre sabe qué sucede. No tenemos por qué preocuparnos. ¡El no duerme en toda la noche! ¡Nunca se cansa!

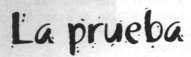

La prueba

**Nada se pierde en realidad con una vida de sacrificio.
Pero todo se pierde si no obedecemos
al llamado de Dios.**

Era el primer viaje de los niños al desierto. Verían cómo su papá ponía a prueba a los caballos. Cinco potros resoplaban y pateaban el suelo mientras esperaban. Podían oler el agua del oasis que estaba un poco más allá, y estaban sedientos de veras.

Leah y Logan habían visto a su padre entrenar a los caballos durante meses. Sabía silbar de cierto modo que los caballos reconocían como una orden para que se acercaran a él. Este pequeño grupo de caballos árabes hacía lo que ninguno de los otros caballos del corral podía hacer. Cuando papá silbaba, los cinco venían al instante y se paraban a su lado.

¿Por qué, entonces, se había negado papá a darles de comer o beber durante estos últimos dos días? ¿Y por qué los había traído al desierto para que bebieran agua del oasis?

De repente, papá dio la señal para que soltaran a los caballos. Galoparon, sedientos, hacia el oasis. Pero justo cuando estaban por llegar, ¡papá silbó!

Dos de los caballos no hicieron caso y hundieron el hocico en el agua para beber. Otros dos bebieron un poco y luego dieron la vuelta para volver junto a papá. El quinto, sin embargo, se detuvo apenas oyó el silbido y a pesar de que tenía tanta sed, obedeció y volvió hasta quedar junto a los niños y su papá.

—¡Ese es el mejor, niños! De los cinco, es el único en quien puedo confiar. Obedecerá a su amo aunque todos los demás desobedezcan. Pueden confiarle su vida. Los otros nunca serán del todo confiables.

Entonces su padre los miró a los ojos:

—Leah y Logan, cuando se trata de obedecer, las personas no somos muy diferentes a los caballos.

Si ustedes me aman, obedecerán mis mandamientos.
Juan 14:15

SÉ OBEDIENTE A DIOS.

La próxima vez que tu madre, tu padre o un maestro te pidan que hagas algo que no quieres hacer, solo dile «Sí», en lugar de preguntar «¿Por qué?»

Un rostro amable

Los prejuicios son ladrones de amistades.

—¡Los detesto! ¡Los detesto! —gritó Jeff. Había aguantado las lágrimas de camino al hospital, pero al ver a su papá en la cama, con todos esos tubos, no pudo soportarlo más. Los pandilleros no tenían por qué atacar a su papá. Lo habían confundido con uno de los miembros de una pandilla rival a causa de la ropa que llevaba para trabajar.

—¡Son gente mala! —gritó Jeff dejándose caer en un sillón de la sala de espera, y cubriéndose la cara con las manos.

Con mucha suavidad, un brazo le rodeó los hombros y la voz de una mujer preguntó dulcemente:

—¿Quiénes, amor?

—Esos que viven en las viviendas municipales —las pandillas y los drogadictos—, toda esa gente del gueto.

La voz dulce volvió a hablarle.

—Cariño, el gueto está lleno de todo tipo de personas. Hay gente de verdad mala, como los que lastimaron a tu papá. Pero hay otros que son buenos, como yo.

Al principio Jeff no lo entendió. Pero luego levantó la vista y vio el rostro más bondadoso que hubiera visto jamás. Parecía su abuela, pero era negra.

—Lo... lo... —Jeff lo sentía tanto que apenas podía hablar.

—Está bien, cariño —dijo la mujer con bondad—. Esa gente mala mandó a mi hijo al cielo antes de tiempo. Me cuesta mucho no odiarlos también. Pero tengo que recordar que Jesús los ama aunque detesta lo que hacen. Y depende de ti y de mí el seguir orando porque un día ellos también amen a Jesús.

Le dio un suave apretón en el hombro y dijo:

—El doctor dice que tu papá estará bien. Vamos a ver si tú y yo también podemos hacer algo para estar bien.

El odio es motivo de disensiones, pero el amor cubre todas las faltas.
Proverbios 10:12

EL ODIO CONTAMINA EL CORAZÓN.

No metas a todos en el mismo casillero solo por el lugar en que viven, por el color de su piel o por su cultura. Tómate el tiempo para llegar a conocer a las personas como las ve Dios, a través de los ojos del amor.

Una nueva perspectiva

El prejuicio es hijo de la ignorancia.

Desde que tenía memoria, Janine supo que las vías del ferrocarril dividían la ciudad en dos barrios. No porque nadie lo hubiera diseñado así, sino porque se dio de esa manera. La gente pobre vivía de un lado de las vías. Muchos habían llegado al pueblo durante la época conocida como «los días polvorientos».

Los granjeros y tenderos que les daban empleo vivían del otro lado de las vías. Tenían más dinero y casas más lindas.

Janine vivía «del lado bueno de las vías» y los niños de su barrio solían llamar «Okies» a los del lado opuesto porque venían de Oklahoma.

—No puedes ir a la fiesta con ella —le dijo Janine a su hermano mayor Tim.

—¿Y por qué no? —quiso saber él—. Es la niña más linda de mi clase. Y también una de las más inteligentes.

—Es que es una Okie —dijo Janine.

—¿Y qué con eso?

—Bueno, su familia no tiene tanto dinero como nosotros —respondió su hermana.

—Va a nuestra iglesia —dijo Tim— y su mamá compra en nuestra tienda, y su papá carga gasolina en nuestra estación de servicio.

—Sí, pero vive del otro lado de las vías —insistió Janine.

—Escucha, Janine —replicó Tim al fin— Me gusta Connie. Su familia pasó por momentos difíciles, pero es gente buena y se esfuerzan por tener una vida mejor. Connie es divertida y simpática. En lo que a mí respecta, "Okie" significa que está OK, o sea: ES LA MEJOR.

—Pero ¿qué dirán todos? —quiso saber Janine.

—Solo importa lo que diga Dios —respondió Tim sonriendo—. Y de paso, te digo que Connie tiene un hermano que es en verdad muy guapo.

Recuerda

No hay griego ni judío, circunciso ni incircunciso, culto ni inculto, esclavo ni libre, sino que Cristo es todo y está en todos.
Colosenses 3:11

DIOS AMA A TODOS SUS HIJOS.

¡Tú puedes hacerlo!

Dios ama a las personas de todas las razas, culturas y naciones, y nosotros también debemos amar a todos.

Una razón para todo

La gente ve a Dios todos los días. El problema es que no lo reconocen.

Todd y Carrie salieron con su mamá hacia su restaurante favorito. Su papá no estaba en la ciudad, y el auto de la mamá estaba en reparación. La mamá solía llevarlos a comer fuera cuando el papá estaba de viaje.

—Podemos ir caminando —dijo Todd—. Son solo doce cuadras hasta el restaurante.

—Bien, niños. Vamos ya.

—¡Hurra! —gritaron Todd y Carrie.

Les llevó más tiempo del que esperaban, pero se mantuvieron juntos y caminaron hasta allí.

—Ya veo el cartel. Solo dos cuadras más y llegamos, Carrie. ¡Tú puedes hacerlo!

¡Y llegaron! El restaurante estaba lleno de gente y el pedido tardó más de lo habitual, pero ¡todo estaba riquísimo!

Después de la cena caminaron a casa. Era tarde y Carrie estaba cansada. Al fin, se sentó en la acera y comenzó a llorar.

—Oremos, niños, para que alguien nos lleve a casa —dijo la mamá.

Eso hicieron.

A los pocos minutos pasó una vecina y vio a los Grissom.

—Oigan ¿quieren que los lleve?

—Sí, gracias —dijo la señora Grissom.

—Suban.

—Señora Jackson, Carrie estaba tan cansada que ya no podía caminar más, así que oramos pidiendo que alguien nos llevara. Enseguida llegó usted —le dijo Todd.

—¡Qué bueno! —respondió la señora Jackson.

—Esperen a que lo cuente en la escuela dominical —contestó Todd—. Señora Jackson ¿quiere venir a la iglesia con nosotros?

La señora Jackson y su esposo nunca iban a la iglesia, pero ahora la mujer pensó que sería buena idea.

—Seguro, Todd. A mi esposo Jackson y a mí nos encantaría ir con ustedes —dijo.

Cualquier cosa que ustedes pidan en mi nombre, yo la haré; así será glorificado el Padre en el Hijo.
Juan 14:13

ORA POR TODO.

Comparte una oración y luego comparte la respuesta. Dios la usará para bendecir a otros.

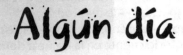

Algún día

Cuando Dios hace madurar a las manzanas, no se apura y no lo grita a los cuatro vientos.

—Kenny no sabe hacer nada —se quejó Paul con un suspiro de desaliento.

Sentía que ya había dicho lo mismo unas cien veces los últimos dos meses. Recordaba lo contento que estaba cuando mamá le avisó que tendrían otro hijo. En realidad quería un hermano, y casi no podía esperar a que naciera.

—Tendré con quien jugar —les había dicho a sus padres. Papá asintió y mamá sonrió.

—Lo que no me avisaron —le susurró al bebé en la cuna—, es que no sabrías hacer más que llorar y dormir.

—Kenny todavía no puede jugar contigo —dijo papá—. Pero espera. Tomará uno o dos años más, pero un día podrá jugar contigo a todos tus juegos y quizá tengas que esforzarte para ganarle.

—¿Cuánto falta para eso? —preguntó Paul.

—¿Recuerdas cuando Jib vino a vivir con nosotros el año pasado? Era un cachorrito muy lindo.

—Lo recuerdo —dijo Paul—. Era más pequeño que Kenny, y ahora es más grande que yo.

—Así es. Y recuerda que tuviste que enseñarle a sentarse, a pedir comida, a jugar a la pelota.

—Sí —respondió Paul.

—Y —agregó papá—, recuerda que tenías que esperar a que te alcanzara porque tú corrías más rápido.

—Ya lo entiendo, papá —entonces Paul se acercó a la cuna y dijo—: Tengo mucho que enseñarte, Kenny. Cuando despiertes, comenzarán tus lecciones. Pero si crees que podrás correr más rápido que yo, como pasó con Jib, te aviso que te será imposible.

Recuerda

Ayuden a los débiles y sean pacientes con todos.
1 Tesalonicenses 5:14

OBSERVA CÓMO DIOS OBRA EN LOS DEMÁS.

¡Tú puedes hacerlo!

Dale a Dios todo el tiempo que haga falta para que su obra se cumpla en la vida de los demás. Nadie es perfecto. Todos necesitamos gente que nos tenga paciencia.

Las palabras importantes

Las palabras pueden destruir. Lo que les decimos a otros se convierte al final en lo que creemos, y eso importa.

Ben y los otros muchachos de su clase esperaban en el gimnasio a que empezara la práctica de baloncesto. No conocían todavía al nuevo entrenador, pero les habían dicho que era bueno y que acababa de lograr que un equipo entrara en el campeonato. Estaban muy emocionados, anticipando una grandiosa temporada con un excelente entrenador.

Mientras esperaban conversaron un poco. Drew contó un chiste que había oído contar a su padre. Algunos rieron, pero Ben no. Se sentía incómodo. Porque el chiste tenía malas palabras en referencia a razas de personas. Ben no sabía si tendría que decir algo o pasarlo por alto. No le hacía daño a nadie ¿o sí?

—Ten cuidado con el modo en que llamas a otras personas. Aunque no sepan lo que dijiste —le dijo a Drew.

—Es un chiste, nada más, Ben. Nos estábamos divirtiendo un poco.

—Es que sí importa cómo hablas de los demás. Porque eso marcará tu conducta hacia ellos.

—Basta ya. Mucha gente dice lo mismo. Lo oyes todo el tiempo.

—No por eso está bien. No debemos burlarnos de los demás, no importa de quiénes se trate.

—¡Qué! ¿Acaso eres mejor que nosotros, Ben?

—No es eso, Drew. A todos nos gusta reír, pero jamás tiene que ser a expensas de otros.

Drew estaba de espaldas a la puerta, cuando el director McKinney entró con el nuevo entrenador.

—Perdón por la demora, niños —dijo el director McKinney—. Les presento al nuevo entrenador, el señor Rodríguez. Acaba de llegar de Chile, donde hizo entrar a un equipo del quinto grado al campeonato de la ciudad de Santiago. En realidad somos afortunados al poder tenerlo en la Primaria McLain.

Drew estaba sorprendido. Se acercó a Ben.

—Tienes razón. Lamento haberme burlado de personas a las que ni conozco.

Recuerda

Si alguno no ofende en palabra, éste es varón perfecto, capaz también de refrenar todo el cuerpo.
Santiago 3:2 (RV-60)

LAS PALABRAS SE CONVIERTEN EN ACCIONES.

¡Tú puedes hacerlo!

Acércate a alguien de nacionalidad diferente. Pregúntale sobre su familia y sobre las cosas que les gusta hacer en familia. Quizá te sorprendas de forma agradable con lo que oigas.

Tú puedes ser de los que transforman el mundo

El que influye en el pensamiento de su época, influye en la época por venir.

Ella tenía solo diez años cuando comenzó a preocuparse ante la posibilidad de una guerra nuclear entre su país (los Estados Unidos) y la Unión Soviética. Así que Samantha Smith decidió escribirles a los presidentes de ambas naciones. Corría el año 1982 y Samanta era una alumna promedio en una escuela de Maine.

Samantha no supo que los presidentes habían recibido sus cartas hasta que la llamaron a la oficina del director un día. Pensando que habría hecho algo mal, se sorprendió mucho al enterarse de que la había llamado por teléfono un periodista diciendo que el presidente soviético quería ubicarla para invitarla a visitar su país.

Samantha fue, y no solo eso, sino que sugirió que los presidentes de Estados Unidos y la Unión Soviética intercambiaran sus nietas durante dos semanas cada año. ¡Lo hizo porque sentía que ninguno de los dos querría bombardear un país que sus nietas pudieran visitar! Aunque su sugerencia no fuera seguida, Samantha obtuvo reconocimiento como representante mundial de la paz.

Por desgracia, en agosto de 1985 Samantha y su padre murieron en un accidente aéreo. La niñita que creía que «las personas pueden entenderse» se había ido. Pero no cayó en el olvido. El gobierno soviético emitió un sello postal en su honor, y nombró a un diamante, una flor, una montaña y un planeta con su nombre. El estado en que vivía Samantha hizo una estatua de ella, de tamaño real, y la ubicó cerca del capitolio de Maine, en Augusta.

La mamá de Samantha fundó la Fundación Samantha Smith en octubre de 1985, para auspiciar proyectos que enseñen a las personas sobre la paz y para alentar la amistad entre niños de todas las naciones. Ella marcó una diferencia. Y también puedes hacerlo tú.

Recuerda

Dichosos los que trabajan por la paz, porque serán llamados hijos de Dios.
Mateo 5:9

JAMÁS SUBESTIMES TU CAPACIDAD PARA INSPIRAR LA PAZ.

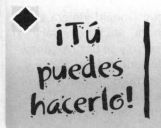

¡Tú puedes hacerlo!

Haz amistad con personas que veas muy diferentes a ti y disfruta de lo que tengan en común.

La decisión de Robert

Que tu lengua sea lenta, y rápido tu ojo.

obert reunía las fotografías para el periódico escolar. Ya se habían ido todos, excepto la señora Compton, su consejera.

Mirando por la ventana para ver si llegaba el auto de su tía, observó que su amigo Donald estaba del otro lado del estacionamiento de la escuela. Donald había estado portándose muy raro en los últimos días, navegando en Internet y pasando horas en las salas de charlas. Se veía muy solo desde que su papá había empezado a trabajar hasta tan tarde cada noche.

La semana pasada Donald le había comentado algo de alguien que acababa de conocer por Internet. Dijo que sentía que podía hablar de cualquier cosa con ella. Se llamaba Jacqueline. Pero cuando Robert y otros niños bromearon sobre su nueva novia Donald se cerró y les dijo que se metieran en sus propios asuntos.

Es raro, pensó Robert. Se suponía que Donald viniera a la reunión del periódico, pero no vino. Y ahora está en el estacionamiento. En ese momento un auto se acercó y se detuvo junto a Donald. Una mujer, no una niña, salió del lado del conductor y caminó hacia Donald. Robert observó mientras hablaban durante unos segundos. Al fin la mujer abrió la puerta del auto y Donald subió, aunque no parecía tener muchas ganas de hacerlo.

Algo no andaba bien, pensó Robert. *¿Qué debo hacer? ¿Ser metido, y además aguafiestas?* La mamá de Donald se pondría furiosa si se enteraba de que el niño «salía con alguien» sin decirle nada a ella. Y si Robert hablaba, sería el fin de su amistad con Donald, y todos en la escuela le llamarían bocón. Robert tomó una decisión.

—Señora Compton. Acabo de ver algo que no me pareció bien...

La acción de Robert quizá le haya salvado la vida a Donald. «Jacqueline» era buscada por la policía.

Cuando Donald volvió a la escuela tres días después, todos sintieron alivio al verlo, y Donald sintió gratitud por tener un amigo «metido».

Recuerda

Hay diversas funciones, pero es un mismo Dios el que hace todas las cosas en todos.
1 Corintios 12:6

HABLA.

¡Tú puedes hacerlo!

Ora por tus amigos cada día. Pregúntales a tus padres o a otro adulto qué hacer si piensas que alguno de tus amigos está haciendo algo que pueda dañarle.

A solas conmigo mismo

No estamos en paz con otros porque no estamos en paz con nosotros mismos, y no estamos en paz con nosotros mismos porque no estamos en paz con Dios.

——Parecías estar muy enojado estos últimos días —dijo la mamá cuando apagó la luz del dormitorio esa noche—. ¿Sabes por qué, Drew?

—No estoy enojado —dijo Andrew hablándole a la sombra de su madre en el umbral. Al oír el enojo en su voz, de inmediato se dio vuelta, acomodó su almohada y apoyó la cabeza en ella.

No sé cómo decirle a papá lo de la caña de pescar, pensó. Es que su papá le había dicho que no llevara esa caña en particular al estanque, y que ni siquiera la sacara de la casa para mostrársela a su mejor amigo. Era demasiado cara. Pero claro, él la había llevado al estanque, la había usado y ahora estaba rota. No sabía lo que sucedería cuando su papá descubriera el daño.

—Dios, por favor perdóname —oró Andrew—, cometí un gran error. Hice lo que papá me había dicho que no hiciera y ahora le mentí a mamá. Las cosas van de mal en peor. Dios, por favor ayúdame.

A la mañana siguiente, Andrew supo lo que tenía que hacer. Tomó la lata con sus ahorros, producto de su trabajo de jardinero, y le dio el dinero a su papá diciéndole lo que había sucedido. Le pidió perdón y le dijo que ahorraría más dinero hasta tener lo suficiente como para comprar otra caña. La mirada de desilusión de su papá le partió el corazón, pero cuando le entregó el dinero Andrew se sintió mucho mejor de lo que se había sentido en varios días.

En consecuencia, ya que hemos sido justificados mediante la fe, tenemos paz con Dios por medio de nuestro Señor Jesucristo.
Romanos 5:1

EL PERDÓN TRAE LIBERTAD.

Cuando haces algo que sabes va en contra de alguna regla de Dios o de tus padres, enseguida pide perdón. Y luego puedes hacer lo que haga falta para corregir tu error.

◆ ¿Qué significa eso?

La vida es un examen con más preguntas que respuestas.

No importa cuánto se esforzara, Ethan no lograba entender lo que escribía su maestra de inglés, la señora Smith, en el pizarrón. Tampoco entendía qué decía. Todos los demás parecían entender, pero él no tenía idea siguiera. «Hello» era la única palabra que reconocía.

—¿Entienden todo? —preguntó la maestra en inglés.

—Sí —respondió un coro de voces.

En la hora del almuerzo, Ethan le preguntó a su amiga Dolores si le gustaba la clase de inglés.

—Bueno —titubeó ella—, es que no entiendo todo.

—Tampoco yo —admitió Ethan—. Y temo pedirle a la maestra que explique mejor. No quiero parecer tonto.

—Yo tampoco —dijo Dolores.

Al final de la clase al día siguiente la señora Smith les devolvió las tareas. Ethan y Dolores habían sacado malas notas.

—Quisiera hablar con ustedes dos un momento —dijo la maestra.

Apenas salieron los demás, la maestra les dijo:

—Parece que los dos tienen dificultades con las tareas.

—Nunca entiendo lo que dice usted —dijo Ethan.

—¿Por qué no levantas la mano y me pides que lo repita? —le preguntó ella.

—Porque no sé decirlo en inglés y no quiero parecer tonto —dijo Ethan.

—¿Querrían tener ambos un tutor? Podría ponerlos en contacto con un estudiante del nivel avanzado —les ofreció la señora Smith.

A Ethan y a Dolores les pareció una buena idea.

—Y no teman preguntar —les aconsejó la maestra—. Así es como aprenderán. Preguntar no significa ser tonto. Significa ser lo bastante inteligente como para saber que uno no sabe.

—En ese caso, yo debo ser brillante —dijo Ethan, y los tres rieron con ganas.

Recuerda

Yo los ayudaré a hablar [...] y les enseñaré lo que tienen que hacer.
Éxodo 4:15

¡HABLA!

Es imposible que entendamos todo. Dios es el único que puede hacer eso. Podemos pedirle que nos dé entendimiento. ¡Ni siquiera tenemos que levantar la mano! Solo hace falta orar.

Planifica con anticipación

«Lo que puedo», no es suficiente.

Los mellizos Benjamín y Brittany vivían en una granja y criaban animales para exhibir en las ferias del condado.

Un día el padre de los mellizos decidió que les daría una tarea que nunca antes habían hecho sin ayuda:

—Niños, quiero que corten la alfalfa del campo, que hagan fardos y luego los lleven al granero antes de la primera nevada. Pueden hacerlo a su propio ritmo, pero asegúrense de terminar antes de que nieve. Porque de lo contrario sus animales no tendrán qué comer este invierno.

Los mellizos calcularon cuánto tiempo faltaba hasta que nevara. Sería un mes al menos. La primera semana, cortaron casi toda la alfalfa, menos un rincón aquí o allá. *No sería demasiado heno*, pensaron. La segunda semana terminaron de cortar y comenzaron a hacer los fardos. La tarea les llevó mucho más de lo que Benjamín o Brittany habían pensado, por lo que decidieron hacer los fardos más rápido, acelerando la enfardadora. Con eso, quedó bastante heno sin enfardar, y el alambre que ataba los fardos estaba un poco más flojo.

La escuela y las actividades les dejaron menos tiempo y dos semanas más tarde, cuando estaba por nevar, todavía quedaban fardos en el campo. El papá y el tío Charlie tuvieron que ayudarles a apilarlos en el granero.

Cuando terminaron a la medianoche su papá dijo:

—Niños, creo que "todo lo que pudieron", no fue suficiente. No creo que tengan todo el heno que necesitarán. Será mejor que empiecen a pensar cómo ganar algo de dinero para comprar heno cuando se les termine en medio del invierno.

No era lo que Benjamín y Brittany querían oír, pero sabían que su papá tenía razón.

Las hormigas [son] animalitos de escasas fuerzas, pero
que almacenan su comida en el verano.
Proverbios 30:25

UN TRABAJO QUE VALE LA PENA, VALE LA PENA HACERLO BIEN.

Ve un poco más lento con ese trabajo que preferirías no hacer. Hazlo bien al primer intento, ¡para no tener que hacerlo todo de nuevo!

Prohibida la entrada

El camino de salida de los problemas jamás es tan sencillo como el camino de entrada.

El galpón en las afueras de la ciudad había estado abandonado durante años. Había candados en todas las puertas y carteles de Prohibido Entrar por todas partes. Jackson y Amber pasaban por allí todos los días de camino a la escuela.

Jackson y su hermana eran nuevos en el pueblo. Se habían mudado a Sundale a comienzos de agosto. Ansiosos por hacer amigos, se alegraron cuando K.J, uno de los niños en la clase de Jackson, les pidió que volvieran a casa junto con él y otros niños.

Al pasar por el galpón K.J. dijo:

—Sé cómo entrar ahí. Vamos a ver.

—Sí, vamos —dijo Terese.

—Pero el cartel dice Prohibido Entrar —protestó Amber.

—¿Tienes miedo? —se burló uno de los niños.

—Estaríamos violando la ley —dijo Jackson en defensa de su hermana.

—No hay policías por aquí —comentó Bobby—, y nadie se enterará.

—Todos sabremos que hicimos algo malo —respondió Amber.

—Voy a entrar —dijo K.J. —. ¿Alguien viene conmigo?

—Sí, claro. Yo no tengo miedo —dijo Bobby haciéndole una mueca a Amber.

Todos excepto Jackson y Amber fueron con él.

A los pocos minutos sonó la alarma. Jackson y Amber vieron cómo los cinco niños asustados eran acompañados afuera por un guardia de seguridad que patrullaba el terreno.

—¡No! No llamen a mis padres —lloró Terese.

—Me alegro de no haber entrado —dijo Amber mientras iban a casa.

—Yo también —agregó Jackson—. Quiero hacer amigos, pero no de la clase que te mete en problemas.

Recuerda

Que se aparte de la maldad todo el que invoca el nombre del Señor.
2 Timoteo 2:19

¡EVITA LOS PROBLEMAS!

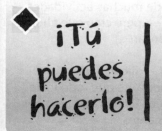

¡Tú puedes hacerlo!

Dios quiere que como cristiano des un buen ejemplo ante los demás. Puedes ser un líder. Puedes defender lo que está bien, no importa qué edad tengas.

Lo primero

Todos encontramos tiempo para hacer lo que en realidad queremos hacer.

uando llegaron los nuevos programas de televisión en septiembre, Clark sentía como si hubiese llegado la Navidad. Había comedias que de verdad le gustaban, y un programa sobre un superhéroe basado en su historieta preferida.

Además de la televisión, a Clark le gustaban las matemáticas. Siempre participaba de los concursos intercolegiales. Los padres de Clark se sentían orgullosos de él. Pero en octubre, cuando se encontraron con la maestra de Clark, ésta les dijo que no estaba trabajando tan bien en la clase y que quizá no fuera aceptado ese año en el equipo de matemáticas.

Había llegado el momento de conversar con Clark.

—Me va bien —protestó Clark—. No sé por qué todos se molestan tanto.

—Es que siempre pudiste ocuparte de muchas actividades, y hacerlas todas muy bien —dijo el papá—, pero creo que ahora estás ocupado en algo que te impide avanzar.

—¿En qué?

—Estás viendo demasiada televisión —dijo el papá.

—La televisión se ha vuelto más importante que todo lo demás —dijo la mamá—. ¿Sigues leyendo tu Biblia cada noche y orando antes de dormirte como lo hacías antes?

Lotería Electrónica de PR
www.loteriaelectronicapr.com
La LOTO tiene: $10,000,000
La Revancha tiene: $200,000

Terminal: 005638-01
865700947166672-9
00

441034
20130913 15:47

$5.00 - 1 Sorteo

Núm: 2863
SEP 13 13
Noche

4 Pega
NOCHE ☾

A 0 5 2 1   EXACTA $5.00

051910342

INFORMACIÓN IMPORTANTE

1. Se prohíbe la venta de boletos de Lotería Electrónica a personas menores de dieciocho (18) años de edad.
2. Los boletos de Lotería Electrónica son valores al portador y se reconocerá como único dueño de un premio a la persona que posea dicho boleto y lo presente al cobro.
3. Es su responsabilidad verificar que su boleto refleje la información que usted marcó en su hoja de jugadas o dictó a el operador del terminal.
4. Los boletos, su validación y el pago de premios están sujetos a verificación por el sistema y a las disposiciones de la Ley, los Reglamentos y Órdenes Administrativas aplicables.
5. Lotería Electrónica no se hará responsable por boletos perdidos, robados o mutilados.
6. Todos los premios deberán ser cobrados dentro de los ciento ochenta (180) días contados a partir del día siguiente del sorteo en que se realizó el sorteo correspondiente. Luego de este período, los boletos no tendrán validez. Rev. 04/25/2013

SH ESTADO LIBRE ASOCIADO DE PUERTO RICO

Firma: _____

6. Todos los premios deberán ser cobrados dentro de los ciento ochenta (180) días contados a partir del día siguiente en que se realizó el sorteo correspondiente. Luego de este período, los boletos no tendrán validez. Rev. 04/26/2013

SH ESTADO LIBRE ASOCIADO DE PUERTO RICO

Firma: _____

051910342

—No —murmuró Clark—, porque estoy demasiado cansado.

—Creo que es hora de ver qué es más importante y concentrarte en eso —dijo el papá—. Es divertido mirar televisión a veces, pero no te ayuda con las matemáticas.

—¿Qué te parece si ves, digamos, una hora de televisión al día?—sugirió el papá.

A Clark no pareció dejarlo muy contento esta idea, pero entendió que sus padres le estaban ayudando a establecer prioridades en su vida.

—Has aprendido cómo dejar algo que te parece bueno por algo que sabes que es mejor —le dijo el papá—. Cuando logras hacer eso, quiere decir que en verdad estás madurando.

◆ **Recuerda** ◆

Más bien, busquen primeramente el reino de Dios y su justicia, y todas estas cosas les serán añadidas.
Mateo 6:33

¿QUÉ ES LO MÁS IMPORTANTE PARA TI?

◆ **¡Tú puedes hacerlo!** | *Hay muchas cosas divertidas en este mundo. Y también están las cosas que sabemos que hay que hacer. Dios puede ayudarte a ver cuándo hacer cada cosa.*

No digas nada

**La razón por la que un perro tiene tantos amigos es
que mueve la cola en lugar de mover la lengua.**

—¿Puedes guardar un secreto? —susurró Silas.

Vic asintió enseguida:

—¡Claro!

—El papá de Edward perderá su empleo. Mi papá trabaja en
la misma compañía y le oí decírselo a mamá anoche. Ahora, recuerda que prometiste no decir nada.

—No diré nada —prometió Vic.

En la clase de gimnasia Vic hizo un *foul* y su equipo perdió el
partido de baloncesto. Edward, que estaba en el equipo gana-
dor, vino a burlarse porque habían jugado muy mal.

—Sí, bueno. Quizá te dejé ganar porque tu papá perderá su
empleo —dijo Vic.

—No es cierto —gritó Edward.

Vic se encogió de hombros. Pero no se sintió nada bien
mientras se alejaba, a causa de lo que había hecho. Su mamá
quiso saber por qué estaba tan callado al llegar a casa.

—Es que rompí una promesa —dijo con pesar—. Le dije a
Edward que su papá va a perder su empleo.

—Sabes que está mal romper una promesa —dijo la
mamá—. Y creo que sabes cuánto daño puede causar ¿verdad?

—Sí, porque Edward se enojó mucho.

—¿Te disculpaste? —preguntó la mamá.

—No. Me asusta demasiado.

—Si no lo haces ahora, no podrás enfrentarlo en la escuela día tras día. Y creo que Edward necesita un amigo ahora más que nunca ¿verdad?

—Sí. No fui buen amigo hoy. Creo que voy a llamarlo para ver si puedo pasar por su casa hoy mismo.

Recuerda

Vale más no hacer votos que hacerlos y no cumplirlos.
Eclesiastés 5:5

MANTÉN TUS PROMESAS.

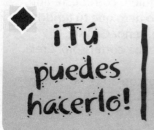

¡Tú puedes hacerlo!

Dios quiere que todos seamos confiables. Así que cuando des tu palabra, asegúrate de cumplirla.

¿Qué es lo más importante?

La bondad es un idioma que los sordos pueden oír y los ciegos leer.

—Eldon, ¿cómo vas con tus ofrendas prometidas? —preguntó el papá de Eldon durante el desayuno.

—¡Bien! Hasta ahora tengo veintidós dólares por cada tramo que corro. Y creo que haré mi mejor tiempo. Quizá pueda reunir más dinero antes de la fecha de entrega.

La recaudación de donaciones se hacía cada año para una escuela local a la que asistían niños discapacitados. La escuela era importante para los Carlisle porque la hermanita de Eldon, Julie, asistía allí. Tenía diversas discapacidades y la familia dependía de la escuela para gran parte de su educación y terapia física.

Este año Eldon había pedido que su clase de la escuela dominical participara de la campaña. Cada año su clase se ocupaba de algún proyecto solidario y este año habían elegido la escuela de Julie.

—Eldon, sabes que Julie en realidad quiere correr este año. Tu mamá y yo pensamos que podrá hacerlo pero que tú tendrías que correr con ella. ¿Qué piensas? —dijo el señor Carlisle.

Eldon no había pensado en eso. Planeaba correr solo. Creía poder ganar la carrera de su categoría.

—Papá, ¿tengo que hacerlo? Si corro con Julie no tendré oportunidad de ganar en mi categoría.

—Sé que estarías renunciando a mucho. Piénsalo nada más. Julie en verdad te admira.

Eldon lo conversó con su amigo.

—¿Qué tengo que hacer? En realidad quería ganar este año.

—El, Julie es una niña muy buena —dijo su amigo—. Tú eres muy importante para ella. No ganarás la carrera, pero creo que es lo mejor que puedes hacer.

Al fin Eldon aceptó. Él y Julie corrieron juntos. No ganaron el premio por velocidad... pero ¡Eldon sí recaudó más dinero que cualquier otro!

Recuerda

*Corramos con perseverancia la carrera
que tenemos por delante.
Hebreos 12:1*

GANAR NO ES TODO.

¡Tú puedes hacerlo!

Mira algunas de las cosas que quieres ganar. ¿Qué te costará la victoria?

Honra a tu padre y a tu madre

El respeto es amor en ropa sencilla.

Mishi, Nia y su padre habían sido invitados a un asado en la casa de Micah por el 4 de julio. Unas diez familias iban para disfrutar del sol, la piscina y la buena comida.

A medida que avanzaba la tarde, algunos de los padres jugaron a las canicas mientras los niños jugaban a las agarradas y las mamás se aseguraban de que hubiera suficiente hielo y comida.

Micah tenía calor y estaba transpirando después de tanto correr. Fue hasta donde estaba su mamá y le exigió un helado.

—Un momento —dijo su madre—, primero tengo que terminar de servir esta ensalada.

—¡Ahora! —dijo Micah en voz alta, casi gritando—. Quiero el helado ahora, y no después.

—No alces la voz —dijo su mamá.

—¡No! —dijo Micah pateando el suelo—. ¡Ahora! ¡Dámelo ahora!

La mamá de Micah lo miró y le dijo que entrara con ella en la casa. Volvió unos minutos después y anunció que Micah se quedaría adentro durante un rato.

—Pobre Micah, se perdió el resto de la fiesta —dijo Mishi.

—Creo que su mamá nada más tendría que haberlo regañado —dijo Nia.

—O tendría que haberle dado el helado —dijo Mishi.

—¿Por qué creen que Micah merecía el helado? —preguntó el papá—. Me parece que estaba faltando al respeto.

—¡Pero es una fiesta! Y él tenía mucho calor —dijo Mishi.

—Eso no le da a nadie el derecho a ser irrespetuoso y maleducado —dijo el papá—. Siempre hay que ser educado con los demás, y en especial con los padres. Si no puedes respetar a las personas más importantes de tu vida, nunca aprenderás a respetar a los extraños. Y créeme, ser respetuoso hará que seas mucho más popular que si no lo eres, o eres maleducado.

—Y además, pasarás menos tiempo encerrado en tu cuarto —dijo Nia.

Recuerda

Honra a tu padre y a tu madre, como el Señor tu Dios te lo ha ordenado, para que disfrutes de una larga vida y te vaya bien en la tierra que te da el Señor tu Dios.
Deuteronomio 5:16

EL RESPETO TRAE GRANDES RECOMPENSAS.

¡Tú puedes hacerlo!

Ahora es el mejor momento para honrar a tus padres y mostrarles el respeto que merecen. No hay momento adecuado para tratar a tus padres de otro modo que como Dios espera que lo hagas. ¡Sé respetuoso!

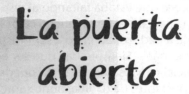

La puerta abierta

Dios puede oír a todos al mismo tiempo porque Él es el buen Padre celestial, y no un mero mortal como lo somos tú y yo.

—¡Emergencia! ¡Alguien llame al 911! ¡Ha habido un accidente! —gritó Kevin.

La mamá de Kevin salió corriendo de la casa. Los vecinos salieron a la calle. Un motociclista había hecho una maniobra para evitar un pozo y esto le llevó a chocar contra un auto estacionado.

El señor Sanders ayudó al motociclista herido hasta que llegó la ambulancia. No parecía estar demasiado mal, pero tenía que ir al hospital. Los paramédicos lo cargaron en la ambulancia, que partió haciendo sonar la sirena.

—Oremos porque este hombre esté bien.

—Buena idea, Kevin —dijo su madre.

Oraron juntos y Kevin fue al jardín con su perrita, Princesa. Kevin había dejado la puerta abierta al salir corriendo hacia la calle. Seguro que Princesa estaría todavía allí. La llamó:

—¡Princesa! ¡Ven, nena!

Pero Princesa no estaba en ninguna parte.

No podía estar muy lejos. Kevin y su papá recorrieron la cuadra llamándola. Fueron de puerta en puerta preguntando si alguien había visto a Princesa. Llamaron a la policía y al refugio de animales para informar que su mascota estaba perdida.

—Se hace tarde, Kevin. Volveremos a buscar mañana —dijo su papá—. Oremos porque podamos encontrar a Princesa.

Kevin oró:

—Querido Señor, cuida a Princesa y ayúdanos a encontrarla pronto.

Kevin y su papá vieron a alguien de pie junto a la puerta de su casa, con un perro en brazos. ¡Podría ser Princesa!

Al ver a Kevin, Princesa saltó al suelo y corrió hacia él.

—La encontramos en nuestra calle —dijo el niño—. Pensamos que podría atropellarla un auto, así que la hicimos entrar en casa hasta que papá llegara para poder encontrar a sus dueños.

Kevin extendió sus brazos hacia Princesa.

—¡Princesa! Lo siento tanto. No debí dejar la puerta abierta. ¡Nunca más lo haré!

Recuerda

Que el Dios de la esperanza los llene de toda alegría y
paz a ustedes que creen en él.
Romanos 15:13

DIOS CUIDA DE TODO.

¡Tú puedes hacerlo!

Pídele a Dios que te ayude a cuidar de alguien que cuenta contigo.

El gran lío de la soda

La persona que pierde su conciencia ya no tiene nada que valga la pena tener.

—¡Corey y Candy!, ¿dónde consiguieron todas esas latas de soda?

El papá de los mellizos había levantado la vista de su periódico justo a tiempo para verlos ir hacia el refrigerador cargando una enorme cantidad de latas de soda.

—¡Era gratis! —respondió Corey. Cuando Corey llegó a la mesa, dejó su carga y tomó algunas latas más que tenía en los bolsillos del pantalón y la chaqueta, mientras su papá lo miraba.

—¿Gratis? —les preguntó.

Candy explicó mientras abría el refrigerador:

—Es que hubo un gran accidente en la calle Elm, y se volcó un camión cargado de latas. Todas rodaron por las calles y muchas se rajaron o rompieron. ¡Había soda POR TODAS PARTES! Nadie se lastimó, ni hubo daños en el camión y el auto que chocaron. Pero todos comenzaron a levantar las latas de soda.

—¿Le preguntaron al conductor si podían llevarse las latas?

—Hmm, no exactamente.

—Entonces no era gratis. Llevarse cosas sin permiso del dueño es robar, y no "encontrar" —dijo el papá.

Candy palideció.

—No, papá. De veras, todos lo hacían. ¡Hasta los adultos!

—Cuando llegues al cielo, no vas a tener que explicar lo que hicieron todos, sino lo que hiciste tú.

Corey meditó durante un segundo y luego dijo:

—Oye, papá. ¿Crees que podrías ayudarnos a devolver esas latas?

Y Candy agregó:

—Por favor, ¿sí?

El papá sonrió:

—Vamos ya.

Recuerda

Si encuentras un toro o un asno perdido, devuélvelo,
aunque sea de tu enemigo.
Éxodo 23:4

SÉ DE LOS QUE ENCUENTRAN, NO DE LOS QUE ACUMULAN.

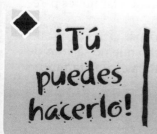

¡Tú puedes hacerlo!

Si encuentras algo que alguien perdió esfuérzate por encontrar al dueño. Si no estás seguro de qué puedes hacer, pide a tus padres o maestros que te ayuden.

Más vale prevenir que lamentar

Cuando ven las nubes, los hombres sabios se ponen un abrigo.

Si había algo que le encantaba a Casey era ir de caminata con su padre. Una mañana de vacaciones de verano el papá de Casey, que ese día no iba a trabajar, lo despertó y le dijo cuál sería la siguiente aventura.

Mientras el papá preparaba sus famosos panqueques y huevos para el desayuno, Casey se vistió con su ropa de aventura y verificó todo su equipo. Tenían siempre consigo una brújula, un mapa, agua, un equipo de primeros auxilios y gorros para protegerse del sol.

—Será un gran día —dijo el papá cuando terminaron de desayunar—. Anunciaron que habrá buen tiempo.

Unas horas después mientras escalaban la ladera empinada de una colina a unos cuatro kilómetros de donde habían dejado el auto, el papá de Casey notó que a la distancia las nubes parecían anunciar tormenta.

—Será mejor que volvamos —dijo el papá.

—¡No! —protestó Casey—. Hace mucho que no salimos de aventura. Sigamos. El sol está brillando todavía y falta mucho para que esos nubarrones lo cubran.

—Un aventurero inteligente siempre presta atención al estado del tiempo —dijo su papá—. En cualquier momento puede desatarse una tormenta. Es mejor prevenir que lamentar.

El papá caminó delante mientras Casey, desilusionado, lo seguía hasta donde estaba el auto.

Y el papá tenía razón. Se acercaba una tormenta. Y rápido. Cuando les faltaban todavía unos veinte minutos para llegar al auto oyeron truenos. Caminaron a paso apurado pero aun así, no lograron ganarle a la lluvia. Para cuando llegaron al auto estaban empapados.

Ese día Casey aprendió tres lecciones importantes: prestar atención a las señales de advertencia, siempre confiar en los consejos de papá, y siempre mirar hacia arriba.

La sabiduría del prudente es discernir sus caminos.
Proverbios 14:8

SIEMPRE ES SABIO ESCUCHAR.

Cuando te estás divirtiendo no quieres que nada te interrumpa. Es importante escuchar el sabio consejo de aquellos en quienes confías, como tus padres. Al igual que Dios siempre buscan lo mejor para ti.

Lista de cosas para agradecer

**Este día y tu vida son regalos que Dios te dio,
¡así que agradece y siempre siente gozo!**

Logan estuvo quejoso todo el fin de semana. Nada le parecía bueno. Nada estaba bien. No quería hacer nada.

—Logan —dijo su mamá— me dices que no estás enfermo, pero a mí me parece que lo que tienes enfermo es el corazón.

—¿Qué quieres decir con eso? —preguntó Logan.

—La persona con el corazón enfermo está siempre quejándose, protestando, disgustada. Y eso, lamento decirte, es lo que has estado haciendo.

—No me estoy quejando... —dijo Logan, ¡pero apenas pronunció las palabras notó que su tono era de lamento!

—¿Vas a castigarme por quejarme? —dijo Logan—. Quejarse no es pecado.

—Puede que no lo sea, pero las quejas te convertirán en un viejo amargado, y a nadie le gusta esa clase de compañía. No quiero que te conviertas en un amargado, así que te indicaré un remedio. No es un castigo, sino un remedio.

—¿Qué será? —quiso saber Logan.

—Ve a tu cuarto y anota cien cosas por las que estás agradecido —dijo su mamá, saliendo de la cocina.

Logan sabía que su madre hablaba en serio. Le tomó un rato comenzar con la lista. Por fin, anotó diez cosas: béisbol, sus mitones de béisbol, sus bates, sus compañeros de béisbol, los días de sol, no tener tarea, hacer un jonrón, las galletas, la leche fría, quedarse viendo TV hasta tarde.

Miró su lista.

—Esto es difícil —dijo.

Tardó cuatro días en anotar las cien cosas, pero su mamá se sintió complacida cuando le entregó la lista. Y sonrió en especial cuando leyó la última cosa: «Una mamá que no quiere que me convierta en un viejo amargado».

Recuerda

Señor, quiero alabarte de todo corazón.
Salmo 138:1

DIOS NUNCA SE CANSA DE OÍRTE DECIR: «GRACIAS».

¡Tú puedes hacerlo!

No importa lo difícil que sea tu situación, siempre puedes agradecer que Jesús esté contigo, que te ama y te ayudará en todo.

¡Te desafío!

Un problema de los problemas es que por lo general comienzan como algo divertido.

El viejo roble en la granja de los Myers era perfecto para trepar. Tenía ramas bajas, y las ramas más altas era largas, anchas y muy buenas como apoyo.

Charlie Myers invitó a cinco de sus amigos para que vinieran a jugar. Después de que el papá de Charlie les preparara salchichas y hamburguesas en la parrilla los seis niños fueron a explorar y al final treparon al roble.

Charlie, Dennis, Gus, Macy, Parett y Rollie enseguida lograron subir hasta lo más alto.

—¡Miren esto! —gritó Gus. Saltó desde su rama y aterrizó en el suelo duro, retando a sus amigos a hacer lo mismo. Todos lo hicieron. Entonces Gus trepó a una rama mucho más alta y todos le siguieron. Todos saltaron excepto Rollie.

—¡Es demasiado alto! —dijo—. ¡Me voy a lastimar!

—¡Claro que no! —gritó Gus—. ¡Vamos!

Rollie cerró los ojos y saltó. Al aterrizar oyó un crujido en su tobillo. Y dolor, oleadas de dolor. ¡Se había roto un hueso!

Más tarde en el hospital su papá quiso saber cómo había sido el accidente. No le gustó oír lo que había hecho Rollie.

—¿Sabías que era mala idea? —preguntó el papá.

—Sí —admitió Rollie—. Algo dentro de mí me decía que no lo hiciera, pero no quise parecer miedoso.

—Ese algo dentro de ti era alguien: el Señor —le dijo el papá—. Y una de sus tareas es la de señalarte la dirección correcta cuando otros intentan convencerte de que hagas algo peligroso o que no está bien.

—La próxima vez le prestaré atención —prometió Rollie—. Porque dar buena impresión ante mis amigos no valió la pena el dolor de un tobillo quebrado.

Recuerda

El que con sabios anda, sabio se vuelve; el que con necios se junta, saldrá mal parado.
Proverbios 13:20

PIENSA ANTES DE DAR EL SALTO.

¡Tú puedes hacerlo!

Nadie quiere parecer miedoso ante sus amigos. Pero cuando sigues a Jesús, tu Mejor Amigo, Él siempre te mostrará el buen camino.

¿Adónde vas?

**Si estás dispuesto a admitir que te equivocaste cuando
te equivocas, no estás equivocado.**

Wynn miraba dibujos animados ese día. Eran vacaciones y hacía mucho calor. Sonó el teléfono y era su amigo Mark, invitándole a nadar en la piscina municipal.

—¡Sí! ¡Ya voy! —dijo Wynn. Corrió a su cuarto y se puso su traje de baño y las sandalias. Tomó una toalla playera del armario y miró por la ventana. Vio a su mamá trabajando en el jardín. Pensó en avisarle que saldría, pero no quiso molestarla. Además, mamá conocía a Mark, y era probable que se diera cuenta de que él estaba en su casa si lo necesitaba para algo.

Cuando Wynn llegó a la casa de Mark, el hermano mayor de éste los llevó en auto hasta la piscina. Wynn y Mark se divertían en el agua fresca, salpicándose y nadando.

Tres horas más tarde, cuando Wynn llegó a casa, se sorprendió al ver el auto de su papá estacionado en el frente. Eran las dos de la tarde, demasiado temprano.

—¡Wynn! —exclamó su mamá al verlo entrar—. ¿Dónde estabas?

—En la piscina, con Mark —dijo Wynn.

—Casi muero del susto —dijo su mamá—. No sabía dónde estabas.

—Lo lamento, mamá. Supuse que sabrías que estaba con Mark.

—Wynn, no debes salir de la casa sin decirle a tu mamá o a mí adónde vas —dijo su papá en tono serio—. Siempre tenemos que saber dónde estás, para quedarnos tranquilos de que estás a salvo.

—Entiendo —dijo Wynn—. La próxima vez pediré permiso para que no tengan que preocuparse.

Recuerda

En esto consiste el amor a Dios: en que obedezcamos sus mandamientos. Y éstos no son difíciles de cumplir.
1 Juan 5:3

CUMPLE LAS REGLAS DE TU FAMILIA.

¡Tú puedes hacerlo!

Ser parte de una familia significa obedecer a tus padres. Decirles dónde vas es una regla fácil de cumplir. Ayuda a mantenerte a salvo, y tu seguridad hace felices a tus padres.

Puedes volar

**Aunque pienses que puedes, o que no puedes,
siempre tendrás razón.**

Will era un pequeño niño que vivía en un pueblecito de Carolina del Norte cuando comenzó a observar a los pájaros. ¿Por qué podían volar ellos, y él no? No era justo. ¿Por qué favorecería a estas criaturas el Creador del que predicaba su padre cada domingo en lugar de favorecer a los seres humanos, su máxima creación? —se preguntaba. *¡La gente tendría que poder volar!* Decidió Will.

A medida que iba creciendo, pensaba en cómo podría lograr elevarse en el aire como lo hacen los pájaros. Pero a su padre no le gustaba mucho hablar de esto.

—Wilbur, es imposible que las personas volemos como vuelan los pájaros. El volar está reservado a los ángeles ¡No vuelvas a hablarme de esto! —le había retado su papá.

Así que Wilbur ya no le hablaba a sus padres sobre sus sueños, y con cuidado escondía sus dibujos de raras máquinas con alas. Pero al reverendo Wright no podía engañarlo, porque podía ver la mirada perdida que su hijo tenía de vez en cuando. El padre de Will le recordó a la congregación que si Dios hubiese querido que el ser humano volara, le habría dado alas.

El reverendo Wright sintió gran alivio cuando los dibujos de Will y su gusto por la mecánica le llevaron a abrir un exitoso negocio con su hermano donde reparaban bicicletas.

Sin embargo, lejos de dar por perdido su sueño, Wilbur con calma iba inspirando a su hermano con la posibilidad de volar. Juntos estudiaban y hacían experimentos en su taller, y con el tiempo construyeron un aparato que parecía una bicicleta con alas. Y un día ventoso de 1903, en un campo cerca de Kitty Hawk, Carolina del Norte, Wilbur Wright aprendió que quizá Dios sí había querido que el hombre volara después de todo.

Recuerda

Todo lo puedo en Cristo que me fortalece.
Filipenses 4:13

¡TÚ PUEDES HACERLO!

¡Sueña tu sueño más grande, esfuérzate y trabaja todo lo que puedas, y confía en que Dios será tu más leal seguidor cuando llegue el momento del éxito!

◆Lo que hizo Benjamín

**Dios no le da a las personas talentos que
no quiere que usen.**

—¡Qué bien lo hiciste, Arnold! Tu segunda pieza en el piano estuvo especialmente buena. El señor Cannon me preguntó si me parecía que estarías interesado en tocar para el coro de la escuela el año que viene —dijo su mamá.

Arnold salió del auto, tomó su música y se dirigió hacia la casa sin decir palabra.

—¿Qué pasa, hijo? —preguntó su papá cuando lo vio sentado, a solas, en la cocina.

—Es Billy —dijo Arnold.

—¿Qué hizo?

—No hizo nada. Ese es el problema. No me parece justo, papá. Yo toco el piano, saco buenas calificaciones, hago deportes... y, bueno, todo tipo de cosas que Billy nunca podrá hacer.

Billy, el hermanito de Arnold, había nacido con discapacidad mental y asistía a una escuela especial.

—Bueno, Arnold, tú tienes talentos —dijo el papá—, pero también Billy los tiene. Nada más son diferentes.

—¿En qué? —quiso saber el niño.

—¿Te gusta Billy? —preguntó el papá.

—¡Claro que sí! A todo el mundo le gusta Billy. Casi es demasiado simpático. Y es un hermano genial.

—Y te ama también, Arnold. Uno de los talentos de Billy es que él hace a todos los que les habla sentirse especial. Es un niño lleno de amor. Y en realidad está muy, pero muy orgulloso de su hermano mayor.

Arnold sonrió.

—Sí. Esta tarde, cada vez que terminaba de tocar una pieza en el piano se paraba y decía: "¡Ese es mi hermano!".

—Billy tiene tantos talentos como tú, Arnold. Solo que son talentos distintos.

Arnold tuvo que aceptar que su papá tenía razón.

Tenemos dones diferentes.
Romanos 12:6

LOS TALENTOS VIENEN EN FORMAS Y TAMAÑOS DIFERENTES.

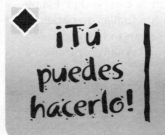

Pon en práctica los talentos que tienes y aprecia los de quienes te rodean.

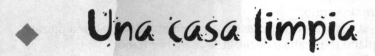

Una casa limpia

**Si cada uno barre el frente de su entrada,
toda la calle queda limpia.**

—¡Llegó el momento de la limpieza profunda! Cuando Doug y Elaine oyeron decir esto a su mamá, querían esconderse. Ahora que eran un poco más grandes, mamá esperaba que ayudaran más con la limpieza profunda que le gustaba hacer dos veces al año.

—No veo para qué tenemos que vaciar estos armarios —protestó Doug mientras sacaba botas para la nieve, palos de hockey y un par de mitones rosados de un rincón.

—¡Espera! Esos son los mitones que había perdido... —exclamó Elaine.

—¡Qué suerte para ti! —murmuró Doug usando un plumero para limpiar el piso del armario.

—Estas ventanas ni siquiera se ven sucias —dijo Elaine mientras rociaba limpiador y las fregaba con toallas de papel. Le sorprendió ver la suciedad en los papeles cuando terminó.

—¿Cómo vamos por aquí? —preguntó la mamá entrando a inspeccionar el cuarto.

—Nuestra casa no está tan sucia. ¿Por qué tenemos que hacer esto?

—¿Recuerdan cuando dejamos de limpiar el garaje durante mucho tiempo? —preguntó la mamá.

—Sí, y nos llevó tres días hacerlo ¡y había arañas! ¡Puff! —recordó Elaine.

—Y que esa caja de libros se estropeó porque no sabíamos que estaba en un lugar mojado —agregó la mamá—. Cuando uno lo hace seguido, es más fácil y lleva menos tiempo.

La mamá dijo entonces:

—Cuando terminen con esto, habremos terminado todos. Podemos salir a comer pizza.

—¡Yo me anoto! —exclamó Doug tomando el lustramuebles—. Ya estoy quitando lo último que queda de polvo.

Por causa del ocio se viene abajo el techo, y por la
pereza se desploma la casa.
Eclesiastés 10:18

MÁS LIMPIO QUIERE DECIR MEJOR ¡DE VERDAD!

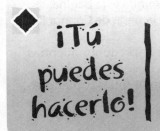

¡Tú puedes hacerlo!

Quizá no te parezca divertido el trabajo de la casa, pero tienes que admitir que es genial tener todo limpio y en orden. Es importante también mantener libre de suciedad el corazón.

No pasar

Los padres solo pueden aconsejar bien a sus hijos o mostrarles el buen camino. Pero la formación final del carácter de una persona está en sus propias manos.

Blair y Connor habían trabajado durante varios días en su proyecto para la feria de ciencias. Ambos eran buenos en ciencias y esperaban ganar un premio.

—Tenemos algo de tiempo antes de que venga tu papá a buscarte. Conozco algunos sitios en Internet con juegos muy buenos —sugirió Blair.

—Bueno, echemos una mirada —dijo Connor—. Ese parece genial.

—Mira este —sugirió Blair, e hizo clic en otro sitio de Internet.

—Vamos a este —respondió Connor.

—Oye, esto es raro —dijo Blair.

—Sí, muy raro. No juguemos a este —respondió Connor. No estaba seguro de que estuviera bien que mirara esta página.

No pasó mucho tiempo antes de que el papá de Connor llegara para llevarlo a casa.

—¿Cómo va el proyecto de ciencias? —preguntó mientras conducía.

—Lo terminamos —respondió Connor. Después se mantuvo callado hasta llegar a casa.

Connor fue a su cuarto después de cenar. Más tarde su papá subió a darle un beso de buenas noches.

—¿Estás bien, Connor? Estuviste muy callado esta noche —le preguntó.

—Estoy bien. Cansado, nada más. Trabajamos mucho —dijo.

—¿Te preocupa algo? —quiso saber su papá.

—Papá, creo que hoy hice algo que no debía.

—¿Quieres contarme?

Connor le dijo a su papá lo que había pasado. Connor y Blair sabían que no debían mirar esas imágenes.

—En realidad tenemos que ser muy cuidadosos en lo que miramos, en especial en Internet.

—Tienes razón, papá. Tendré más cuidado la próxima vez. Gracias por escucharme.

En todo esto procuro conservar siempre limpia mi conciencia delante de Dios y de los hombres.
Hechos 24:16

TU CONCIENCIA TE AYUDA A HACER LO QUE ESTÁ BIEN.

¡Tú puedes hacerlo!

Cuando se acerque la tentación elige hacer lo que sabes que está bien. Ora y pídele al Señor que te ayude a hacer lo bueno.

Tómate tiempo para Dios

Siete días sin oración es demasiado.

Phillip no sabía por qué, pero las cosas en su vida de repente habían empezado a andar mal. Sentía que estaba en desacuerdo con sus padres, que no se llevaba bien con sus amigos, y que en realidad empezaba a irle mal en la escuela. Todas las mañanas parecía despertar de mal humor. No tenía sentido.

Una tarde, mientras Phillip estaba en su cuarto lamentándose de su condición, su hermana mayor Leesa entró y se sentó junto a él.

—¿Qué tal? —preguntó.

—Bien —dijo Phillip, encogiéndose de hombros.

—¿No tan bien estos días? —dijo Leesa.

—Bueno... así es.

—¿Hay algo que no recordaste hacer? —le preguntó.

—Mi tarea escolar —dijo Phillip.

—No, me refiero a algo más importante.

—¿Como qué? —fue la pregunta en tono confundido.

—¿Sigues leyendo tu Biblia y hablando con Dios cada mañana? Recuerda cómo después del campamento del verano pasado, lo hacías cada mañana.

—Ah, sí. Bueno, supongo que dejé de hacerlo —respondió Phillip.

—Quizá debieras retomar ese hábito —sugirió Leesa—. He notado que todo va mejor en mi vida cuando tengo un momento de quietud cada día.

Phillip sabía bien dentro de sí que Leesa tenía razón. Tenía que volver al hábito de orar y leer la Biblia.

—Es fácil ocuparse demasiado y olvidarse de Dios —le dijo Leesa—, pero Él nunca se olvida de nosotros.

—Es que he sentido demasiada pereza como para ocuparme de tener un momento de tranquilidad cada mañana —confesó Phillip—. Ahora que sé lo mal que pueden ir las cosas sin Dios, no voy a volver a sentir pereza. Comenzaré ahora mismo.

Recuerda

Hoy te ordeno que ames al Señor tu Dios [...] y que cumplas sus mandamientos, preceptos y leyes.
Deuteronomio 30:16

SIEMPRE HAZTE TIEMPO PARA ESTAR CON DIOS.

¡Tú puedes hacerlo!

A veces nos ocupamos demasiado, o sentimos demasiada pereza, como para pasar tiempo con Dios. Cuando oramos y leemos nuestras Biblias con regularidad, sin embargo, tenemos más paz y la vida es más fácil de enfrentar.

Entre la espada y la pared

Señor, haz de mí un instrumento de tu paz.

—Tienes que elegir —le dijo Vince a Nolan. Tenía los puños apretados y estaba parado con los pies bien firmes, la mandíbula tensa. Pero no estaba buscando pelear con Nolan.

Vince era el líder de un grupo de la escuela llamado «los escaladores de la colina». Eran ocho niños, cada uno de los cuales tenía una bicicleta de montaña. Todos vestían camisetas azules. Nolan tenía una bicicleta de montaña pero no formaba parte del grupo... al menos por el momento.

—No quiero ser parte del grupo —dijo Nolan con calma—. Ustedes me caen bien, pero también me gustan los niños del grupo al que ustedes llaman "los ruteros".

Los «ruteros» también eran ocho niños de la escuela, pero sus bicicletas eran de carrera y llevaban camisetas coloradas. Nolan tenía una bicicleta de carreras también, pero no llevaba camiseta colorada.

—Es que tienes que elegir —dijo Vince—. O estás con nosotros o estás con ellos.

—Haces que suene como si solo hubiera dos cosas que puedo hacer —dijo Nolan entonces—. O me uno a tu grupo o al de ellos.

En realidad, Vince, hay una tercera opción y esa es la que elijo. Elijo no ser parte de ninguno de los dos grupos. Porque quiero ser amigo de todos. No voy a pelear con ustedes, y tampoco con los del otro grupo. Por cierto, Vince, tampoco tú necesitas pelear con ellos. ¡Hay suficiente asfalto y colinas para todos!

Y con eso, Nolan se alejó con su patineta.

Haga el bien, busque la paz y sígala.
1 Pedro 3:11, RV60

PONTE DEL LADO DE DIOS.

La cooperación siempre es más pacífica y productiva que la competencia. Busca formas en que puedas unir a las personas en lugar de tomar partido por unos u otros.

No todo está perdido

Si no puedes cambiar las circunstancias, cambia la forma en que respondes a ellas.

El cielo se oscureció con nubarrones espesos ese día en el pequeño pueblo de Oklahoma. Los truenos asustaban a Woofer, el perro de Adrián, que se escondía bajo la cama y aullaba. Adrián también se asustaba un poco con los rayos.

Los padres de Adrián desconectaron algunos aparatos eléctricos y escuchaban el pronóstico en la radio de baterías.

—A unos ochenta kilometros al oeste de aquí se han visto nubes de tornado, y parece que se dirigen hacia nosotros —dijo el periodista—. Todos debemos buscar refugio.

Adrián, sus padres, su hermano, su hermana y Woofer, bajaron al sótano y se sentaron dentro de un armario grande lleno de provisiones de emergencia. La radio les decía que el tornado ya casi llegaba. Minutos después oyeron lo que parecía un tren de carga sobre sus cabezas. La familia se abrazó y Aarón oyó orar a su papá.

—¿Están todos bien? —preguntó el papá cuando todo se calmó.

—Sí —respondieron todos.

Cuando salieron descubrieron un desastre. Los dos autos, y la mayor parte de la casa, se habían volado. Adrián quería vomitar. Su cuarto ya no estaba, y tampoco podía ver ninguna de sus cosas.

—¿Qué haremos ahora? —lloró su hermana.

—Llamaremos a nuestro agente de seguros —dijo el papá—, y luego buscaremos dónde pasar la noche. Mañana volveremos a rescatar lo que se pueda. Ahora, sin embargo, vamos a orar. Agradeceremos a Dios porque estamos todos vivos. Mientras estemos juntos y confiemos en la ayuda de Dios todo estará bien.

—¿Y todas mis cosas? —preguntó Adrián.

—Todos perdimos cosas que nos gustaban —dijo la mamá—. Pero las cosas se pueden reemplazar. Las personas, no.

—No será fácil volver a empezar —dijo el papá—. Pero si podemos sobrevivir a un tornado, creo que estaremos bien.

Recuerda

Bueno es el Señor con quienes en él confían,
con todos los que lo buscan.
Lamentaciones 3:25

SIEMPRE PUEDES CONFIAR EN DIOS.

¡Tú puedes hacerlo!

En tus momentos de mayor oscuridad, detente y ora. Piensa en cuánto te ama Dios y en lo fuerte que es Él. Para Dios nada es imposible.

Estrategia de campaña

Que todo lo que digas sea verdad.

A Darla no le gustaba lo que oía de su «comité de campaña», sus tres amigos: Kent, Mindy y H.R.

—Ella está divulgando mentiras respecto a ti, Dar —dijo Kent.

—¿Qué cosas dice? —preguntó Darla.

—Por ejemplo, que copias tus trabajos de inglés de Internet —dijo Kent.

—Y que tú y tu familia forman parte de un grupo radical y que esconden armas en el sótano —añadió H.R.

—A mí me divierte el rumor de que tú y Matt se besan en el estacionamiento durante los partidos de fútbol —rió Mindy.

—Los que me conocen sabrán que no es cierto —dijo Darla.

—Ese es el punto —comentó Kent—. No todos los niños te conocen, y los que no te conocen no sabrán que lo que dice Priscilla es mentira. Tendremos que pelear el fuego con fuego.

—¿Qué creen que deba hacer? —preguntó Darla.

—Podemos comenzar por decir que Priscilla es bulímica —dijo Mindy—. Es muy delgada.

—¡Genial! —exclamó Kent—. Y también diremos que quizá se mude el año que viene, así que no podrá ocuparse de la junta estudiantil. Su papá trabaja en una empresa donde todo el tiempo trasladan a los empleados.

—No —dijo Darla con firmeza—. No voy a combatir el fuego con fuego. Voy a apagarlo con agua: con la verdad. Le preguntaré durante el debate si tuvo algo que ver con las mentiras y rumores y veré qué dice. Si dice que no tuvo nada que ver, diré: "Me alegra oír eso porque sabes que todo es mentira. Una de las cosas más importantes para ser tesorero es decir siempre la verdad". No voy a mentir para ganar. ¡Voy a decir la verdad!

Recuerda

«El que quiera amar la vida y gozar de días felices, que refrene su lengua de hablar mal y sus labios de proferir engaños».
1 Pedro 3:10

LA VERDAD SIEMPRE SALE A LA LUZ.

¡Tú puedes hacerlo!

No importa qué mentiras digan los demás respecto de tu persona, Dios conoce la verdad y hará que los demás también la conozcan a su tiempo.

Índice

Reconocimientos